请记住,三百多年来,
波澜壮阔的欧洲近代音乐的奠基人,
他的名字叫巴赫。

外国音乐家生平故事

陈世宾 丁国强 著

河南大学出版社
HENAN UNIVERSITY PRESS

图书在版编目（CIP）数据

外国音乐家生平故事 / 陈世宾，丁国强著. -- 郑州：河南大学出版社，2015.10
ISBN 978-7-5649-2203-0

Ⅰ. ① 外… Ⅱ. ① 陈… ② 丁… Ⅲ. ① 音乐家－生平事迹－世界
Ⅳ. ① K815.76

中国版本图书馆CIP数据核字（2015）第252789号

策划编辑	孙小成
责任编辑	孙小成
责任校对	任苗霞
封面设计	翟淼淼

出版发行　河南大学出版社
　　　　　地址：郑州市郑东新区商务外环中华大厦2401号
　　　　　邮编：450046
　　　　　电话：0371-86059712（高等教育出版分社）
　　　　　　　　0371-86059715（营销部）
　　　　　网址：www.hupress.com

排　版	郑州市郑东新区大艺图文设计商行			
印　刷	河南省瑞光印务股份有限公司			
版　次	2016年9月第1版	印　次	2016年9月第1次印刷
开　本	889mm×1194mm 1/32	印　张	7
字　数	128 千字	定　价	28.00 元

（本书如有印装质量问题，请与河南大学出版社营销部联系调换）

关于再版：寻书三载，终又面世

我于2011年在山西大学音乐学院攻读作曲研究生时，便已知晓先生所著的《外国音乐家生平故事》这本书了，当时苦苦寻求，亦多次托人找寻，终是未果。

待2014年秋，我毕业进入出版社工作。忆起此事，与先生取得联系，商订再版此书。先生欣然答应，交谈甚好。

后来得知，此书在1993年一经出版，便被国家教委列为学校图书馆装备用书。这于无形之中，必定影响着更多的人与物。

此次再版，本书以一种崭新的风貌呈献于诸位。在装帧设计上，我秉承"形式本身就是内容"的理念，对版式、字体、行距、用纸等，都进行了精致的编排，旨在使读者阅读更为舒适、明朗；在内容构想上，我坚持"使其升华、更为丰富"的理念，通过搜集，为每位作曲家均配置了画像，针对每篇文章，均精选了一幅与之相关的插图，并有相应的文字说明。这些插图，颇有趣味，且具有发散性，或在描述具体的音乐事件，或展示现存于世的相关印记，或是对于彼时时代大背景的呈现，抑或是显现对当下我们的直接影响，等等，旨在使读者更为真切地感受到音乐的气息与历史的存在。

此外，在目录的设计上，较上一版本也更为具体，在每位作曲家之前，均冠之以相应的"定语"，匠心可见，看者自明。

针对28位外国音乐家，先生以其凝练的笔法，真切的态度，独到的见地，完美的叙述，将其间风采，一一再现给了我们。在编辑的过程中，诸位编辑不无感慨，文字中的"大情怀"，直令我们赞叹着。

先生从事作曲工作与音乐教育多年，著书立说，精华颇多，师道坦坦，功莫大焉。在这本书中，先生说出了许多只有他自己才能说出的话。这本书，让我们看到了最为"生动"的音乐家，在客观真实的行文中，不乏先生的评论与感叹，这种充沛、真挚的情绪，也必定会感染到每一位阅读这本书的人。在出版人看来，这正是一本书的顽强生命力所在，确有一种"常读常新"的妙义。

了解音乐的历史，了解推动音乐历史发展的音乐家们，将给我们艺术探索的前行指明一条更为宽阔的道路，使我们走得更好，走向更远。领略大师们的风采，更给我们以榜样的力量，在那些特殊的、特定的环境中，他们的经历，他们的言语，无不给现今的我们以启迪与警示。

一本不可多得的好书啊！艺术的启示意义或在于此，她可给予各个层次的人以灵感，以启发，以触动，以力量，更有光明。

在此，向先生表达我们最为崇高的敬意！

河南大学出版社·策划编辑

孙小成

2016年8月10日晨于郑州

书卷为生　波澜不惊

目 录

001 "音乐之父"巴赫

009 "与巴赫比肩并立"的亨德尔

017 "交响乐之父"海顿

025 "音乐神童"莫扎特

031 "乐圣"贝多芬

041 "机智、明快、妙趣横生"的罗西尼

049 "歌曲之王"舒伯特

057 "近代管弦乐之父"柏辽兹

065 "俄罗斯音乐之父"格林卡

073 "一位幸福的音乐家"门德尔松

081 "19世纪音乐界的佼佼者"舒曼

089 "钢琴诗人"肖邦

097 "钢琴之王"李斯特

105 "一位倔强的斗士"瓦格纳

113 "音乐界3B"之勃拉姆斯

121 "旋律之王"柴科夫斯基

- 129 "高举爱国主义大旗"的德沃夏克
- 137 "一颗光焰夺目的明星"格里格
- 143 "强力集团"成员之里姆斯基-科萨科夫
- 151 "印象派音乐的奠基人"德彪西
- 159 "一言难尽"的理查德·施特劳斯
- 165 "十二音作曲技法"的创建者勋伯格
- 173 "民族乐派"的杰出代表巴托克
- 181 "20世纪音乐界的弄潮者"斯特拉文斯基
- 189 "曾经大逆不道"的普罗科菲耶夫
- 197 "将爵士乐融入交响乐"的格什温
- 203 "与列宁格勒共存亡"的肖斯塔科维奇
- 209 "反文化现象"的凯奇

"音乐之父"巴赫

（1685～1750）

请记住，三百多年来，
波澜壮阔的欧洲近代音乐的奠基人，
他的名字叫巴赫。

约翰·塞巴斯提安·巴赫（Johan Sebastian Bach）于1685年3月31日出生在德国图林根的爱森那赫。这是一个富有音乐传统的城市，据说城门上还镌刻着"音乐常在我们的市镇照耀"这样的铭文。巴赫的家庭是一个受人尊敬的音乐家族。他们长期生活在这一带，辈辈相传，以音乐为生，三百年间，有50多名音乐家见于记载，及至约·塞·巴赫，已是第五代传人。

父亲是小巴赫的第一任老师。7岁起，他就在教堂附属的拉丁语学校上学，因成绩出众，深得老师喜爱。其时，他还经常参加学校的各种演出活动，以补贴学费。10岁时，父母去世，他遂由哥哥抚养，并担负他的音乐教育。

巴赫对哥哥的教学日渐不满，总向哥哥提出种种问题，哥哥常因学力不逮无法作复而恼羞成怒。哥哥藏有前辈著名大师们的作品手抄谱，巴赫很想借来一阅，但屡遭拒绝。巴赫知道乐谱的藏处，每经于此，都不忍离去，情急之中，终于想出了办法。每当夜深人静，趁家人都已入睡，他便悄悄起身取出乐谱，在淡淡的月光下偷偷抄写。半年之后，全部乐谱抄录殆尽，然而，不想就在此时，东窗事发，终于败露。哥哥于气愤之中不顾手足之情，把巴赫辛辛苦苦半年抄录的乐谱悉数撕毁。

巴赫年岁虽小，但生性顽强，为了学习，不怕任何困难。听说汉堡有位著名的管风琴大师技巧相当高超，巴赫心向往之。无奈路途遥远，身无分文，他只好携带干粮，只身徒步前往。凭草垛栖身，饮河水消渴，一路风尘坎坷，巴赫全都置之度外。一次往返180里，归来时已是双足生满血泡。然而，能观摩大师演奏，聆听大师教诲，小巴赫每次出发之前，从不犹豫。

1702年，巴赫从学校毕业。以其优异成绩，完全可以免试深造，但生计无着，只能就业于阿恩斯塔特城教堂弹奏管风琴。供职后，为提高琴艺，他常常通宵达旦，发奋练习，每逢假日，仍徒步前往汉堡，从老师学习。

在鲁贝克教堂任职的布克斯特胡德，是当时北德最杰出的作曲家和管风琴大师，巴赫对他仰慕已久，早盼着一睹大师风采。正巧巴赫获得了为期一个月的休假，他不顾往返640多里的路程，又一次背起行囊，风餐露宿，徒步走向鲁贝克。布克斯特胡德的作品与演奏，令巴赫大为倾倒。他如饥似渴地向前辈大师讨教，竟流连忘返误了归期。

巴赫于 1724～1725 年间指挥首演自己的康塔塔时使用的手稿原件。在众人看来，巴赫的手稿是如此之漂亮且富于生命力。

巴赫返回阿恩斯塔特时，已是四个月之后。上司们素来与他有隙，乘机罗列了他的一大堆罪状，除了超延假期可以归为玩忽职守外，还说他在演奏中曾加进怪诞的异端音响，令教友吃惊。各位上司有的指责他在仪式中醉心演奏，时间过长；有的指责他无心演奏，时间过短。尤其可笑的是，指责他未经教会当局许可，就擅将表妹带进教堂唱歌。巴赫见状哭笑不得，愤然辞职离去了。

几经辗转，巴赫于1708年来到魏玛，就任魏玛公爵的宫廷风琴手。当时的音乐家毫无地位可言，巴赫的姓名与马夫、厨娘列于一册。教堂中，为风琴师特设一间小屋。公爵礼拜时，则开启屋门，以便听见琴声；公爵祈祷时，则关闭屋门，风琴师没有资格在这一场面中露面。

在低下的奴仆地位中，巴赫的音乐家声誉却日渐增高。1717年，法国著名古钢琴家玛尚来到了德国，在德累斯顿举行音乐会。他恃才傲物，目中无人，视德国音乐家不过芥土。当时，德累斯顿宫廷特别崇尚法国音乐，吹捧逢迎之中，玛尚更是洋洋得意，不可一世。在玛尚的一次音乐会后，巴赫应邀即席演奏一曲。玛尚听了，登时大惊失色。有人提议玛尚与巴赫举行比赛。第二天举行赛事时，只巴赫一位选手出场，玛尚先生早已连夜乘车逃之夭夭了。

巴赫的胜利大长了德国音乐家的志气，但他的处境并无丝毫改善。宫廷的区区赏赐也早被宫臣们吞食，进了他们的腰包。巴赫忍无可忍，与公爵不断发生冲突，终于鼓起勇气提交了辞呈。公爵看到一名奴仆竟敢逆忤犯上，勃然大怒，扣留不放。巴赫屡次请求，都未获准。

当时有位奎登公爵嗜乐如命。有人说他爱音乐胜于江山，国家支出中的三十分之一都支付了乐队经费。奎登公爵久慕巴赫盛名，听说上述种种后，便深夜派车偷偷去接巴赫，但出师不利，竟被发现。巴赫反遭逮捕，拘禁月余。获释后，他终于离开魏玛，就职奎登，时1717年岁末。

奎登六年，于巴赫来说，是难有的平静，但好景不长。公爵的儿子成婚后，开销增加，乐队经费大额度削减；巴赫自己的孩子们也已逐渐长大，他希望孩子们能在大城市受到高等教育，以避免自己早年间的不足。于是，1723年他举家迁往莱比锡，在圣弗玛教堂附属歌唱学校任合唱指导。

为了这一职位，巴赫不得不忍着极大的屈辱在一份卖身契一样的职责书上签了字。这份文件写道："我要以举止言行为学生做榜样；我要耐心教育学生；我要服从督学大人和学校首长；我要勤于教导合唱，但也要训练器乐，以节约学校开支；我教的音乐不应过长，也不应与歌剧相像，要吻合听众的虔诚精神；不经批准，我不得在任何大学任职；不经市长批准，我不得擅离本市。"凡此种种。

从这个苛刻的文件中，可以想见巴赫处境的困难。首先是生活拮据。当时在德国工作的意大利女歌星的年收入是五千到一万塔列尔（货币名），而巴赫只有七百，他不得不为区区几文钱忍辱力争。他看到学校教学无序，质量低下，向当局提出改进意见后，竟遭到残酷迫害。当局说他"不服管教，屡教不改"，决定"降薪降职，以示惩处"。

偌大世界，巴赫竟再无好去处。他忍辱负重一直留居莱比锡，把精神全部寄托于音乐事业和培养孩子们成长。他的孩子们中有好几位出类拔萃，后来成为世界著名音乐家。

1750年7月28日，贫病交加的巴赫因眼疾手术无效，与世长辞。他的遗体被静静地埋在教堂公墓里，连墓碑也没有。妻子生活无着，从此住进了贫民收容所，十年后，与他在另一个世界团聚去了。

巴赫一生写有包括清唱剧《马太受难乐》《勃兰登堡协奏曲》和《平均律钢琴曲集》在内的500多部各种体裁的作品，但生前未能得到应有的尊重，大都没有出版。

如今，巴赫的音乐已经成为不朽的经典，成为"某种不可企及的标范"。自他之后的每一代音乐家，无不领受着他的深刻影响；自他之后音乐史中的每一步重大发展，无不感受着他的有力推动。巴赫的音乐是人类进步音乐文化中的灿烂花朵，它将永呈瑰丽，与世长存。

"与巴赫比肩并立"的亨德尔

(1685～1759)

在18世纪上半叶,
与巴赫比肩并立的是亨德尔。

乔治·弗里德里克·亨德尔（George Frideric Handel）1685年2月23日诞生在德国萨克森的哈勒。他比约·塞·巴赫早出生一个月，而且出生地相距很近，真可谓天生双璧，日月同辉。

亨德尔的父亲是亲王王宫里的理发师兼外科医生。如今我们经常见到理发店门前挂有红蓝相间的招牌，据说表示动静二脉，正是昔日里理发师与外科医师都由一人兼任的遗风。

亨德尔从小酷爱音乐，音乐天才早有显露。但是父亲希望他学习法律，以便得到个一官半职。因此，他只能半夜里偷偷爬上屋顶的阁楼，借着月光悄悄练习古钢琴。

亨德尔8岁时，父亲有一天要去音乐爱好者威森非斯公爵家。亨德尔要求父亲带上他，父亲不肯，他就死追着父亲的马车跑，父亲无奈只好同意。小亨德尔为公爵演奏了古钢琴，公爵很欣赏他的才华，帮他说服了老亨德尔。这样，亨德尔便被送到哈勒的圣母马利亚教堂接受音乐训练。在老师的悉心指导下，亨德尔日新月异进步很快。

12岁时,父亲去世了。小亨德尔一边坚持学习音乐,一边仍然秉承父教,准备学习法律。然而,由于他在音乐上声誉日增,已奠定了雄厚的发展基础,渐渐地,他就放弃了法律,而专心于音乐了。

亨德尔18岁时,移居当时唯一上演民族歌剧的德国城市汉堡,并开始创作歌剧。

亨德尔来到汉堡后,结识了富家子弟马提松。马提松学识渊博,有极高的音乐修养,不仅能写歌剧,还创办了德国的首家音乐杂志《音乐评论》。亨德尔与马提松一拍即合,结成亲密无间的朋友。马提松为亨德尔提供了很多的帮助,但他因社会地位形成的优越感,也常常令亨德尔大不自在。

1704年,正值马提松出外旅行,亨德尔大展手足写了自己的第一部清唱剧《约翰受难乐》。马提松得知后,甚为不满,与亨德尔发生了口角。由此,他们的关系日渐疏远,终于在一次演出中反目为仇。

那次演的是马提松的歌剧。马提松自己忙上忙下,既担任主要角色,又要指挥。当他上台表演时,便由亨德尔接替;下台后,又要重新回到指挥台上,准备接受观众的欢呼喝彩。亨德尔忍无可忍,断然拒绝让出指挥位置。盛怒之下,俩人相约决斗。决斗中,马提松刺中亨德尔衣服上的一颗纽扣,这颗纽扣挽救了亨德尔的性命。这时,这一对青年方如梦初

《水上音乐》剧照,彼时彼景,仍可想象。

醒，泣不成声，从此之后，冰释前嫌，和好如初。

25岁时，亨德尔担任了汉诺威选侯宫廷乐长。

其间，他曾两次以青年作曲家的身份出访伦敦。英国的安娜女王非常器重亨德尔的才华，破例任命他为王室作曲家，并赏之以终身年俸。凡此种种足令亨德尔乐不思蜀。选侯几次催他回国，不见回音，至为恼怒。

1714年，安娜女王去世。汉诺威选侯是英国皇室的近亲，因此皇室推举他继承王位，改号乔治一世。新任国王曾因亨德尔久召不归而生芥蒂，亨德尔自知理短不敢露面。一次，一位公爵告诉亨德尔，英王将在次年夏天在泰晤士河举行一次盛大的水上音乐会，以庆祝登基，并将亲自泛舟河上。亨德尔听后，立即埋头苦干，写出一部管弦乐组曲，名为《水上音乐》。

泰晤士河上，金碧辉煌的御舟居乎中央，前后左右簇拥着无数乘有达官显贵们的船只，悠悠然顺流而下，伴随着的是管弦齐鸣。亨德尔和他的乐队坐在尾随英王船的另一条船上。当庆典进行至高潮时，亨德尔指挥乐队演奏起了他的《水上音乐》，英王听到这美妙的乐声，不禁问道："这是谁写的？""亨德尔。"英王大惊，君臣间的芥蒂也在这一瞬间化为玉帛。他不但不念旧恶，反而增加了亨德尔的年俸。亨德尔索性于1726年入籍英国，终身留居未去，此是后话。

1719年，在王室的支持下，亨德尔创办了"皇家音乐院"，他把当时欧洲著名的艺术家纷纷请来任教。由于学院具有演出条件，因此，他专心于歌剧创作，一时间十多部新作接踵而至，为亨德尔带来更高的声誉。不想就在这时，出现了他的对手博农奇尼。

博农奇尼是位意大利作曲家、大提演奏家，1720年来到英国，创作歌剧。一天不容二日，加上赞助博农奇尼的贵族出于政治原因煽风点火，亨德尔与博农奇尼之间的敌对情绪日益加深。有一首诗描述了这个争斗场面：

有人说，比起博农奇尼来，

亨德尔先生不过是个笨蛋；

也有人说，他比起亨德尔来，

作个掌灯的还差一点。

奇怪，这一切的差别，

就在叽哩呱啦和呱拉叽哩之间。

最后亨德尔将博农奇尼战胜，对方于1728年离开伦敦。然而，经过接二连三的类似争斗后，结果是一损俱损，两败俱伤，亨德尔苦心创建的音乐院也日见式微，终于无法继续支撑。

1742年，亨德尔应邀来到都柏林，看到友人詹姆斯所撰描述耶稣生平的清唱剧《弥赛亚》脚本，歌词是用英语写的，共3部，分53章。亨德尔决心为它谱曲。他把全部的心思精力都倾注在这部作品中，废寝忘食，一气呵成，完成这部长达354页的曲子，仅用了24天。罗曼·罗兰形容这部作品是亨德尔"蘸着泪水"写成的。

同年，《弥赛亚》在都柏林首演时，盛况空前，座无虚席。翌年，在伦敦上演，英王乔治一世亲自到场。当音乐进行到其中的合唱《阿利路亚》时，英王大受感动，情不能禁，肃然起立，全场听众见状也纷纷效法。此后，欧美国家每逢演唱这首合唱时，听众都要肃立聆听，已成规范。

1759年，亨德尔在伦敦的一次《弥赛亚》演唱会后不久，与世长辞。

他的遗体安葬在威斯敏斯特教堂。

亨德尔终于与帮助他成功的英格兰大地化为一体了。

"交响乐之父"海顿

（1732～1809）

交响曲，
如今已成为最重要的音乐体裁之一，
它的奠基人海顿，
却曾是一位奴仆身份的作曲家。

弗朗茨·约瑟夫·海顿（Franz Joseph Haydn）1732年4月1日出生在奥地利南部的罗劳。父亲是制造车轮的工人，很喜欢音乐，不用看谱就能弹竖琴，还会唱歌。母亲是一个虔诚的教徒，辛辛苦苦操持家务，与音乐全然无缘。

海顿的家庭虽然穷苦，但充满着亲爱和温暖，每天晚上家里都要举行音乐会。在这样的环境中，海顿从小就爱上了音乐。一位亲戚发现了海顿的音乐天赋，就领他入汉堡神校唱歌学琴。这所学校教学非常严格，为海顿日后的发展奠定了坚实牢靠的基础。

由于海顿天生一副好歌喉，8岁时被维也纳的圣司蒂芬大教堂唱诗班选中。在唱诗班里，他还学会了演奏管风琴和小提琴。17岁时，海顿因变声不能再唱歌，教堂想辞退他，一时找不到合适的借口。一天，他无意中剪掉了前座同学的头发，正好授人以柄，被校方革除。

出了校门，海顿孤苦伶仃，无以为生，只好流浪街头，靠卖艺糊口。后来，他开始从波波拉学习作曲，并为波波拉的学生弹伴奏。为了一日三餐，穷苦的海顿还必须为老师做奴仆。

1752年，海顿的作品得到了冯贝格男爵的赏识，男爵录用了这位年轻的作曲家，让海顿来宫中为自己写作。

1760年11月，海顿结婚了。妻子玛丽亚性格乖戾，不喜欢音乐，也不尊重丈夫的工作，常常把海顿的乐谱当废纸来包东西。海顿因此十分苦恼，却也无计可施。

海顿29岁那年来到匈牙利艾斯塔哈基公爵的宫邸任乐长。那时，被雇用的音乐家和主人之间订有详细而苛刻的合同：上班时必须穿号衣戴假发；必须按主人的命令写作；乐曲必须投主人所好；必须按时完成交稿；等等。

繁重的差遣，令海顿忙得岌岌乎不可终日，每天上午作曲，中午听公爵训话，下午指挥排练，晚上演出。他还要像监工一样负责乐队考勤，一旦出错，就会遭到痛骂。他要负责管理每件乐器、每张乐谱，要负责给新学员上课，整天像钟表一样运转。名曰乐长，其实形同仆役。在这样的环境中，海顿无可奈何地工作了30多年，主人也前后换了四代。

1772年夏天，继位已10年的第二代公爵出外避暑，乐队当然要奉陪。公爵乐不思蜀，早已忘了归期。乐队队员们思念家人，归心似箭。大家求计于海顿。海顿虽身为乐长，却也无法左右公爵，想来想去，终于有了办法。

奥地利为纪念音乐家海顿而发行的 25 欧元大银币，这般独特的纪念方式，可见音乐之于生活的重要启示意义。

几天后的一个晚上，一部新写好的交响曲开始了。第一乐章，第二乐章，第三乐章都过去了。"不是说要奏一部不寻常的作品吗？它不是和平常一样吗？"公爵很失望。说话间音乐已进入第四乐章。在一片沉郁的音乐声中，大家忽然看见有两位乐手合上乐谱，吹熄谱台前照明的蜡烛，抱着乐器，从容地从舞台上退下去了。台下人大惊，不知发生了什么事，再看其他的乐手，都依旧安详地演奏。接着，又有一名乐手下去了。陆陆续续地下去了好多位，最后台上只剩下两个人。他们轻轻奏完最后的曲调后，也吹熄了自己的蜡烛。台上漆黑一片。听众都为之瞠然，连鼓掌都忘了。

公爵还不至于太愚钝，他终于明白了海顿的用意：大家想走。第二天，便起程返回了。后来，人们给这首乐曲起了个名称，叫作《告别》。

1790年，第三代新公爵继任。他无心欣赏音乐，解散了乐队，念海顿已是三朝元老，便保留了海顿的薪金，让他挂职赋闲。海顿终于有机会到外面的世界透透气了，于是，往返于维也纳和伦敦之间。第二年，他到伦敦在查洛蒙主办的音乐会上发表新作，而后又回到维也纳，写了12首交响曲，其中包括著名的《伦敦》《时钟》和《惊愕》。

关于《惊愕》交响曲，有一段脍炙人口的故事。听说海顿有一部新作要演奏，伦敦的达官显贵们趋之若鹜，争先恐后地来到剧场。演奏开始了，优雅的第一乐章使听众们飘飘然，宁静的第二乐章又使人们昏昏欲睡。就在这时，忽然间鼓声大作弦管齐鸣，第三乐章惊醒了在座所有人，有不少打盹的听众被这突如其来的晴天霹雳惊得跳了起来，有些贵妇人甚至被吓得差点背过气去。

1791年，英国牛津大学授予海顿音乐博士学位，按规定他要提交一部作品，这部作品便叫作《牛津交响曲》。英国之行，使海顿名利双收，从此他的状况有了很大改善。

1798年，66岁的海顿应新继位的第四代公爵召请，再度回到艾斯塔哈基，完成了清唱剧《创世纪》及《四季》两部巨作。

海顿在英国逗留期间，曾听过亨德尔的《弥赛亚》，他决心自己也要创作一部清唱剧。

《创世纪》的脚本本来是为亨德尔写的，亨德尔没有使用。海顿根据英译本写成了这部作品。1799年3月4日《创世纪》公演后，获得了空前的成功。当海顿在音乐会座席中听到"光芒初现"那一段充满戏剧性的歌曲时，情绪激动，不能自已，突然站起来，指着天空，大喊："光芒从那儿射过来了！"

1804年，海顿被选为维也纳荣誉市民。1809年5月，拿破仑进攻维也纳，

居民们个个惶恐不安。海顿泰然自若地对人们说："不必

惊慌，只要有我在，便不会有事。"说完，便坐在钢琴边，一遍又一遍地演奏由他作曲的奥地利国歌。其时，海顿年事已高，相当衰弱，几天后，即1809年5月31日，77岁高龄的海顿在为人们留下1000多部作品之后，安详地离开了人世。时值战争，无法举行隆重葬礼，送葬者仅寥寥十几人。

　　这位善良的老人一生中忍受着令人窒息的屈辱，以乐观顽强为唯一的武器，战胜重重困难，为人类的音乐发展做出了重大贡献。身后的荣耀何以能够消补生前的恨憾于万一呢？

"音乐神童"莫扎特

(1756～1791)

人人都说莫扎特是一位举世罕见的天才,
然而,他自己说:
"谁与我付出同样的努力,
谁便能与我获得同样的成就。"

〉〉〉

沃尔夫冈·阿玛德乌斯·莫扎特（Wolfgang Amadeus Mozart）1756年1月27日出生于奥地利首都维也纳附近的萨尔茨堡。莫扎特的父亲是音乐家、作曲家和管风琴家，一直都在当地大主教宫廷乐队里任职。莫扎特的姐姐也很有音乐才能。

莫扎特3岁时就显示出惊人的音乐记忆力，能把所听过的乐曲片断在钢琴上准确无误地弹奏出来。他的音乐才能令父亲大为震惊。父亲决心下大气力，一定要把他培养成一名出色的音乐家。莫扎特不仅天资过人，尤其刻苦用功，经过一段时间的学习，他的钢琴技巧已有了飞快的进步。

有一次，父亲和朋友走进房间，看见4岁的莫扎特正在纸上涂鸦，弄得满手都是墨水。父亲随手取来一看，不禁大吃一惊，原来莫扎特在"写"一首"钢琴协奏曲"。父亲逗他说，这首曲子或许不能演奏。小小"作曲家"未假思索就反问父亲："哪首曲子不经修改练习就能演奏？"

莫扎特还具有罕见的绝对音高概念。据说，7岁那年，他曾用过父亲朋友的小提琴。回到家中，他对父亲的朋友说：

"我的小提琴比您那把琴低八分之一音。"父亲和朋友都不信，取来琴当场验证，莫扎特的话果然分毫不差。

莫扎特从6岁起，便与11岁的姐姐一道，由父亲带领周游各国举行音乐会。莫扎特不仅能熟练地演奏事先准备好的作品，在演奏技术艰深的陌生作品时，也同样得心应手，就像早已经练得滚瓜烂熟。人们用绸子蒙住琴键时，他同样能准确无误地演奏技术复杂的乐曲，在场者无不同声赞叹。人们奔走相告，渲染夸张，音乐"神童"的名字不久便为欧洲各地家喻户晓了。

1764年，莫扎特来到英国，结识了音乐泰斗约·塞·巴赫的儿子，人称"英国巴赫"的克利斯提安·巴赫。这位著名的作曲家对莫扎特后来音乐风格的形成有着很大的影响。

几年间几乎走遍欧洲主要城市，莫扎特也有了长足的进步。这时，他已开始出版自己的作品。如果说莫扎特出发时主要是演奏家，那么当他11岁回到萨尔茨堡时，就已经是一位作曲家了。

莫扎特14岁时，被罗马教皇授予"金马刺"骑士称号，并成为意大利鲍伦亚学院的院士。第二年一月初，维伦的爱乐学院也将他遴选为院士。

几年中，莫扎特的父亲一直努力想为孩子在维也纳宫廷中谋个一官半职，但及至1873年莫扎特17岁时，仍未能遂愿，

2010年10月19日,萨尔兹堡室内乐团在上海大剧院举办了一场音乐会。此次音乐会,莫扎特基金会提供了莫扎特生前使用过的一把小提琴和一把中提琴,分别由乐团小提琴首席卢卡斯·赫根以及中提琴手艾利斯·朱达使用,呈现原汁原味莫扎特。这正是文物的意义所在,任何先进的文明都无法取代。

无奈，只好让莫扎特留在萨尔茨堡，在大主教的宫廷中担任乐师。

新任的大主教专横跋扈，为人歹毒，视莫扎特如奴仆，任意驱使。他不准莫扎特在饭厅吃饭，还强迫莫扎特为自己收拾房间。莫扎特在给朋友的信中说，没有大主教的许可，他不得外出演出，不得举行音乐会，不得自己出去找工作，也不能受别人委托作曲来取得收入。

这时正值资产阶级大革命的前夜，莫扎特随着年龄增长，受启蒙运动思想的影响日深。1881年，他终于忍无可忍，向大主教提出辞职。为期8年的奴隶生涯结束了，25岁的莫扎特义无反顾，离开故乡，只身前往维也纳，开始了他一生中音乐成就最辉煌的十年。但为成为独立作曲家，他也付出了高昂的代价，毕生为谋生奔命，毕生与穷困相伴。

莫扎特来到维也纳后，不分昼夜拼命工作，日复一日，年复一年，写下了《后宫诱逃》《费加罗的婚礼》《唐·璜》和《魔笛》等一系列在歌剧发展史上占有光辉地位的作品。

但这一切，并未使他的生活境况有丝毫改善。冬天，没钱买柴，他只好拉着妻子跳舞取暖；孩子们饿了，连买面包的钱也拿不出来。1778年，莫扎特已是一贫如洗，为了吃饭，他不得不在6个星期内，赶成3首交响曲。其中《C大调交响曲（朱庇特）》是他最后一部交响曲，也是他最伟大的代表作之一。生活的艰难没有压垮莫扎特，他把心中的苦楚、希望、热情和理想，全都倾注在创作中了。

莫扎特写的最后一部作品是受人之约的《安魂曲》。莫扎特写这部作品时非常投入。情绪过分激动，加重了他的病情。1791年12月4日夜里，他轻声吟唱着自己最中意的一首咏叹调，人生如寄，往事如烟，在温馨的旋律声中，离开了令他荣耀、更令他痛苦的人世。

第二天，悲风天来，大雪纷扬，寥寥几位送葬的人都已中途折回，下葬时，只孤零零一位掘墓老人。几日后，妻子抱病而来，竟已无法辨认莫扎特的遗柩所在。

莫扎特是一位伟大的音乐家。在短短36年的一生中，写下了75卷（600多部）音乐作品，包括22部歌剧、49部交响曲和25部钢琴协奏曲，为欧洲以及全世界的音乐发展做出了光辉的贡献。他曾在孤寂凄苦中离开了世界，但如今这个世界上每个善良的人都将永远怀念他。

"乐圣"贝多芬

（1770～1827）

毫无疑问，
如果有一个名字几乎与音乐本身成了同义语，
那就应当是"贝多芬"。

〉〉〉

路德维希·凡·贝多芬（Ludwing Van Beethoven）于1770年12月16日诞生在德国波恩的一个音乐家庭，他的祖父和父亲都在当地的宫廷乐团供职。父亲是一位宫廷歌手，喜怒无常，嗜酒如命。母亲是女仆，温和善良，终日辛劳，对粗暴乖戾的丈夫更是无可奈何。贝多芬幼年时其音乐才能便崭露头角，为了要把贝多芬训练成第二个莫扎特式的神童，成为自己的摇钱树，这位父亲不惜以种种残酷的体罚手段强令儿子就范。他常常让4岁的贝多芬连续四个小时练琴，甚至深夜将睡梦中的孩子拉起来强行训练。虽然贝多芬在8岁时就已能够在音乐会上演奏并开始尝试作曲，但他在这段时期所受的音乐教育却一直缺乏系统，散乱无章。

贝多芬6岁时，曾在维也纳遇到过著名的前辈莫扎特，他的才能受到了莫扎特的注意。9岁时，贝多芬投师管风琴师、作曲家聂费。聂费是贝多芬遇到的第一位真正的教师，他扩大了贝多芬的视野，引导贝多芬熟悉热爱德国古典艺术的优秀传统。在聂费指导下，贝多芬掌握了作曲技术，并在他帮助下发表了第一部作品。

由于家境日窘,贝多芬很小就开始自食其力。11岁时在宫廷礼拜堂担任了聂费老师的助手。

1787年,17岁的贝多芬前往维也纳向莫扎特求教。莫扎特对年轻的贝多芬进行了考试,让贝多芬根据自己指定的音乐主题在钢琴上即兴作曲。曲犹未了,莫扎特便兴奋地对周围的人们说:"大家注意这位青年,他将继我之后使整个世界谈论他。"不幸的是,贝多芬不久接到了母亲的死讯,只好赶回波恩。及他日后再次来到维也纳时,莫扎特已经离开了人间。

由于家境贫困,早年失学,贝多芬坚持读书自学以补不足。他自修古文、新闻、历史文献和文艺著作,从荷马、莎士比亚直到席勒、歌德,几乎无不认真研究,并且在波恩大学旁听哲学系的课程。

贝多芬的民主思想在法国大革命前就已经确立,在革命年代中成长得尤其迅速。法国大革命爆发的时候,消息传来,贝多芬在日记中写道:"要热爱自由胜过其他一切——即使在君王面前也永远不肯背弃真理。"

1792年11月,当战事蔓延到波恩时,贝多芬离开了故乡,准备前往维也纳投师学习。因为莫扎特已然作古,于是便改从海顿。海顿固然很珍视这位青年的才能,但却难能容忍他的革新精神,可惜这段师生情谊未能长久。

贝多芬故居。在这里,感受他的伟岸与气息。

贝多芬的创作成熟过程表面上显得相当缓慢，但是却非常的扎实稳固。他在波恩时期的创作，大抵还是一些小型乐曲和歌曲。贝多芬30岁时才得以演奏他的《第一交响曲》，而莫扎特在这个年龄时则已经拥有40部左右交响曲了。贝多芬来到维也纳的最初10年间的主要作品有：《悲怆》《月光》等钢琴奏鸣曲、《第二钢琴协奏曲》等。

1802～1812年是贝多芬创作的成熟时期。

从1796年起，贝多芬就感到自己的听觉日渐衰退，但他长期不敢面对这一残酷的事实。他在给一位医生朋友的信中写道："我过着一种悲惨的生活。两年来我一直躲避着一切交际，因为我不能与人交谈，更不能告诉别人我是聋子。假使我干别的工作，也许我还能忍耐。"他精神沮丧，甚至想到过自杀，还写好了遗嘱。但是他终于战胜了个人的不幸。对于生活与艺术的热爱以及法国大革命的最初胜利，坚定了他对生活的信念。正是在个人精神痛苦发展到极端的时刻，他及时克服了它。他说："是艺术，正是艺术留住了我。在我把我感到的使命全部完成之前，我决不能离开这个世界。"他勇敢地向命运提出了挑战："我要扼住命运的咽喉，它休想使我屈服！"这是贝多芬写给朋友信中的一句话，同时也成为他一生的誓言。他振奋精神，拿起笔来，于1804年写下了《第三（英雄）交响曲》这一充满战斗的乐观精神的不朽作品。

这部作品最初是题献给拿破仑的，贝多芬本打算通过法国驻维也纳的公使将乐谱转交给那位法国大革命时革命军队的统帅。就在这时，拿破仑背叛了革命而称帝，并与反动教会缔结了联盟。这一消息使贝多芬勃然大怒，他喊道："他也不过是个庸人。现在他竟要践踏人民的权利，只顾自己的野心；竟要高踞在别人之上变成暴君！"于是，他将原来的题献擦掉，改为"献给一个伟大的英雄"。

这首交响曲成为贝多芬精神转变的一个标志，并且也成为他的创作成熟时期的开端。他的许多其他优秀作品，如第四至第八交响曲，第四、五钢琴协奏曲，小提琴协奏曲，《爱格蒙特》序曲，钢琴奏鸣曲《黎明》《热情》，等等，都是这一时期中写成的。这些作品思想深刻，结构宏伟，形式多样，充满了为美好理想斗争的英雄气概和对正义必胜的坚定信念。这些作品正是那个风起云涌时代的生动写照。

贝多芬的《热情奏鸣曲》刚写好不久，发生了一件令他极为气愤的事情。

这是1807年，贝多芬正住在维也纳李希诺夫斯基公爵家中。一天，公爵家里来了一大批客人，他们都是当时拿破仑派驻占领维也纳的法国军官。公爵想请客人们听音乐，就派人去请贝多芬，但未向贝多芬说明情况。贝多芬不明就里，带着自己新写完的《热情奏鸣曲》兴致勃勃地赶来。进客厅一看，竟是一帮占领军，贝多芬当即就拒绝了公爵的要求。公爵恼羞成怒，竟然板起面孔对贝多芬下了演奏的命令。贝多芬为李希诺夫斯基的无耻卖国行径愤怒到极点，他不顾夜中的滂沱大雨拿起乐谱忿然离去，并把公爵以前送他的一尊胸像摔了个粉碎。第二天，公爵接到了这样一封信："公爵！您之所以成为公爵，只是由于偶然的出身。而我之所以成为贝多芬，则全靠我自己。公爵现在有的是，将来还有的是，而我贝多芬却永远只有一个！"

如今，这份被雨淋过的《热情奏鸣曲》手稿一直保存在巴黎音乐学院图书馆，供人们瞻仰。在贝多芬一生中，还有许多事例反映着他对封建权贵的蔑视。

1812年，贝多芬和著名诗人歌德同在一处避暑。歌德比贝多芬年长20多岁，贝多芬对他十分尊重。贝多芬曾对别人说："歌德和席勒，是我在奥西安和荷马之外最心爱的诗人。"一天，他们一同出去散步，正巧一队王公命妇的马车从旁经过。歌德立刻退立路边，谦恭地向这些贵族施礼。贝多芬却连看也不看他们一眼，继续大步向前。人们议论说："贝多芬和歌德这两位大师，只有当他们在一起时，才能比较出哪一位更伟大。"

贝多芬一生中的最后几年，正是梅特涅反动统治非常猖獗的黑暗时期。居住在欧洲反动势力堡垒维也纳的贝多芬，面对着法国大革命的理想与成果已被反动势力摧毁的严酷现实，毫不气馁，坚持斗争。他时常冒着被捕的危险，公开发表共和民主的主张。他愤怒地咒骂奥国皇帝说："像这个家伙，首先应该把他吊在第一棵树上！"为了表达自己对民主共和必胜的信念，他写了《第九（合唱）交响曲》这一部光辉巨著。交响曲原来都是纯器乐的，为了更清楚、更直接地表达自己的思想，贝多芬在这部作品的末乐章用了合唱这种声乐形式。歌词选自席勒的著名诗篇《欢乐颂》：

欢乐女神，圣洁美丽，灿烂光芒照大地。

我们心中充满热情，来到你的圣殿里。

你的力量能使人们消除一切分歧，

在你光辉照耀下面，人们团结成兄弟。

1824年5月7日这部交响曲首次在维也纳公演，获得了巨大成功。当已经全聋的作曲家被人领到台前谢幕时，他并没有听到人们如雷的欢呼，但他看到了群情激奋的场面，而且他一定从这个场面中理解了人们对他音乐的无限爱戴和对于民主理想的热切向往。

尽管贝多芬的艺术成就如日中天，但仍未能幸免于晚年的凄凉悲苦。有一次，贝多芬从乡村回家，为了省钱，雇了一辆没篷的马车，受寒之后，转成肺炎，终于在1827年3月26日于维也纳去世。他瞑目的时刻，身旁没有一个亲人。但是三天以后举行葬礼时，却有两万余群众护送他的棺柩。

贝多芬离去了，但他的音乐却永远流传在全世界各国人民心中。他作为一个伟大历史人物的光辉形象，已深深印在人们的脑海里，为全世界人民引为自豪；他为全人类的进步文化做出了巨大贡献，他的音乐将永远引导人们热爱生活、热爱真理，永远鼓舞人们为美好的理想做不屈不挠的斗争。

"机智、明快、妙趣横生"的罗西尼

(1792～1868)

意大利是一个充满了音乐的国度,
在那里,
罗西尼的歌剧已深入人心,
家喻户晓、妇孺皆知。

焦阿基诺·罗西尼（Gioachino Rossini）于1792年2月29日生在意大利的佩萨罗。父亲在家乡的屠宰场当检查员，会吹小号，母亲很会唱歌。

据说罗西尼出生时，母亲十分痛苦，但当地负责接生的神职人员一位也没到场。父亲于情急之中气得把家里摆设的10座小神像挨个往碎里摔，等小罗西尼呱呱落地时，这些神像已经就剩最后一个了。父亲性情冲动又向往共和，当然很容易惹来麻烦。小罗西尼4岁时，父亲就被抓入监狱了。母亲生计无着，只好参加乡间的巡回剧团演出，把小罗西尼寄养在姥姥家。

艰难的生活，剥夺了罗西尼在童年时代接受教育的权利，他不得不很早就自食其力，先是在一家肉店当学徒，后来改学铁匠，从10岁起又开始靠演唱演奏挣钱贴补家用。1806年，在别人的资助下，他入学波洛尼亚音乐学院，终于开始了正规的音乐教育。

从困苦中走出来的罗西尼读书十分用功。当时，借阅乐谱非常困难，为了仔细钻研，他把海顿的清唱剧《创世纪》、莫扎特的歌剧《费加罗的婚礼》和《魔笛》全部手抄下来。他先抄出其中的人声歌唱部分，自己凭着想象加上管弦乐伴奏，和原作对照一番，最后再把原作中的管弦乐伴奏部分抄录下来仔细研究。

罗西尼求学时，就已完成了第一部歌剧《德梅特里奥和波利比奥》。毕业后，他随巡回演出的歌剧团四处奔波，为了生计，拚命写作。截止到1815年，他已为米兰、那不勒斯等地的歌剧院先后又写了15部歌剧。

1816年2月5日，罗西尼的歌剧《塞维尔的理发师》在罗马初演。由于同行嫉妒故意集来一些人吹口哨捣乱，甚至把一只猫放到舞台上乱跑，所以被折腾得乌烟瘴气一团糟。但不久再度公演时，终于大获成功，热情的观众还为罗西尼举行了火炬游行。从此，罗西尼奠定了他在音乐史上的地位。

这部歌剧如今已成为19世纪意大利喜歌剧的顶峰作品之一，但当时罗西尼写它时只用了13天。靠这部歌剧，罗西尼从老板那儿挣来1200法郎和一件价值大约100法郎的新上衣。对于罗西尼来说，这是一笔很不小的数目，13天，平均每天100法郎，而他家乡的父亲每天只能挣2.5法郎。事隔多年之后，67岁的罗西尼在与40多岁的瓦格纳在巴黎谈到这件事时，仍然十分感慨。

《塞维尔的理发师》演出剧照。值得一提的是，饰演理发师的是享有"全球华人第一男中音"美誉的世界著名歌唱家廖昌永。

《塞维尔的理发师》之后，罗西尼又写了《奥赛罗》《灰姑娘》《偷东西的喜鹊》等15部意大利喜歌剧，然后就离开了意大利。

1822年春，罗西尼到维也纳拜望年过五十的贝多芬，贝多芬非常喜欢《塞维尔的理发师》。看到贝多芬的生活很穷困，罗西尼四处奔走为敬爱的前辈大师争取年俸并希望能集资为贝多芬买一套住房以安度余年，但都失败了。罗西尼到晚年都为这件事感到非常遗憾。

1824年，罗西尼定居巴黎，就任设在巴黎的"意大利歌剧院"院长。此间，他写了三部歌剧，其中最著名的是《威廉·退尔》。为这部歌剧，他下了很大工夫，专心致志地写了整半年。1829年8月首演后，一举成功。

写作《威廉·退尔》时的呕心沥血，对罗西尼的健康大有损害，或许他自己也有些江郎才尽的感觉，于嗣后漫长的40年生涯中，再没写过一部歌剧，也难得创作其他音乐。

1839年，他返回意大利，在波洛尼亚音乐学院出任院长，对母校的教学工作进行了大幅度改革整顿。但从1848年离职后，他便再没有担任任何职务。1855年，他再次来到巴黎，于平静中度过余生，直到1868年11月13日逝世。1887年，罗西尼的遗柩移葬意大利的佛罗伦萨。

罗西尼在世时虽早已声名显赫，但始终虚怀若谷，未敢自傲。他说："我的音乐与海顿、莫扎特相比，算得了什么呢？我对这些大师的敬佩之情，乃是无以言表的。"罗西尼尤其崇敬德国前辈巴赫。晚年时，他曾订购到一套《巴赫全集》。每当书店寄来其中一卷，罗西尼都像过节一样欢喜。他一生中有一个最大的愿望，就是希望能听一遍巴赫的《马太受难乐》全曲，可惜未能实现。

在罗西尼的作品中，意大利喜歌剧居其多数。他本人也生性开朗，颇具幽默感。

《塞维尔的理发师》初演之夜的纷乱情景使罗西尼多少年都耿耿于怀。罗西尼在巴黎居住时，曾走访著名法国作家都德。告别时，车站上汽笛声、行人声嘈杂一片。都德说："亲爱的大师，您的耳朵一定很难受。"罗西尼答道："谁要是经历过我的《塞维尔的理发师》初演时的场景，就不怕任何喧嚣声了。"

听说人们要花许多钱在米兰为他立一座肖像纪念碑，罗西尼说："如果能把这些钱给我，我情愿在有生之年中，天天都站在碑座上。"

罗西尼出名后，趋者如云，其中不免鱼龙混杂。有一位作曲家拿着自己的两部交响曲，请罗西尼挑选一部推荐出版。罗西尼不胜厌烦地听他弹完，连忙说："如果要出版，就再写一部吧。"说完，扬长而去。

1848年，罗西尼在那不勒斯一家报纸上发表了一封公开信，回答一位先生的问题。问题是那位先生的侄子不会为自己的歌剧写序曲，请罗西尼出个主意。罗西尼答复说："我写歌剧《奥赛罗》的序曲时，被老板锁在一间小屋里。屋里有一大碗泡着水的面条，连根绿菜都没有。这真是个头最秃、心最狠的老板，他说，如果不把序曲的最后一个音符写完，就别想活着出去。让您的侄子试试这个法子，我看准灵。"

音乐以外的事情上，罗西尼也常常令人忍俊不能。一次，罗西尼赴请作客，饭后觉得尚有不足。告别时，女主人说："若方便请改天再来，随时备有便饭恭候。"罗西尼连忙说："不必改天再来了，现在我们马上再接着吃一顿如何？"

罗西尼的喜歌剧文如其人，机智，明快，妙趣横生，让这个世界上的人们在奔波的辛劳中分享了他心中的欢乐。

"歌曲之王"舒伯特

(1797～1828)

毕生与贫困相伴的作曲家,
莫过于舒伯特了。

弗朗茨·彼得·舒伯特(Franz Peter Shubert)于1797年1月3日诞生在维也纳近郊赫田塔尔。父亲是一位教师,也略懂一些音乐知识,会演奏一些乐器。他常常在业余时间里聚集一群音乐爱好者在家中举行音乐会,有时,还和家人一道演奏,以消遣自娱。舒伯特因此从小就受到了音乐的熏陶。在家人的演奏中,小舒伯特还要随时纠正父兄的错误。

家里子女众多,生活困难。舒伯特11岁时,投考了食宿免费的康维特宫廷歌手学校。入校不久,舒伯特就担任了学校乐队的首席小提琴,有时还代理指挥。1812年,又开始从著名作曲家萨利埃里学习理论。

舒伯特在寄宿学校时,名为免费,其实度日极为艰难。隆冬时,房内没有火炉,每日两餐也难以为继。舒伯特受冻挨饿,更没钱买谱纸用来作曲。多亏同学斯邦慷慨相助,才为他解了难题。

在校期间,舒伯特的作曲长进很快,1813年为学校乐队写出《第一交响曲》,但不幸即在同年因变声离开了学校。

为了分担父亲的家累，舒伯特来到父亲所在的学校任教。刻板的教书生活令舒伯特十分厌烦。他希望能辞去工作一心作曲，但辞职后便无以为靠，因此，只好勉难为之，为小学生们一遍一遍地耐着性子讲解拼音、文法。即使如此，舒伯特在音乐创作上仍然硕果累累，这时他又有四部交响曲告竣。

1817年，舒伯特终于铤而走险，毅然辞职，只身来到维也纳。

年轻天真的舒伯特哪曾想到，此时正值欧洲封建势力复辟后最黑暗的年代，维也纳的奥地利梅特涅政府更是反动势力的大本营，那里暗探密布，军警如云，稍有不慎，动辄获咎。舒伯特于一文不名中来到维也纳，无依无靠，只好做家庭教师谋生。不觉之中，结交了一群朋友。

舒伯特这般朋友都是具有民主思想、憎恶黑暗统治、热爱艺术的贫困青年。他们出入相随，在一起无所不谈。对于反动统治当局，更是大加抨击，毫无顾忌。舒伯特才华出众，正是其中的核心人物，深遭梅特涅政府忌恨。

舒伯特与这些穷朋友，他们有饭同吃，有屋同住，不分彼此，相濡以沫。

舒伯特是近视眼，11岁起就戴起了眼镜，眼镜盒也是随身携带，须臾不离。有一天，突然发现眼镜盒失踪了，仔细一找，原来一位朋友拿去改成了烟斗，正用来吐雾喷云。

舒伯特生前使用过的钢琴,舒伯特生前戴过的眼镜。

朋友之中有位画家，他的画室内有台钢琴，答应舒伯特可以使用。但画家本人也要在画室作画。为了互不干扰，俩人约定，凡画家不作画时，便张一面白布窗帘为号，舒伯特始得入内用琴。不想画家灵感一来，常把舒伯特的事情置诸脑后；或者虽未作画，也不免忘记践约。舒伯特一等就是好几个小时。这位可怜的音乐家只好踟蹰街头，磨炼自己的耐心。

政治环境的险恶，生活条件的窘迫，都未能阻遏舒伯特坚持音乐创作。

有关舒伯特写作歌曲的几件轶闻，似乎都与小酒馆有关。或许自然而然就能够想到，小酒馆正是舒伯特和朋友们常爱光顾的好去处。

第一件事是说舒伯特独自出行，饥肠辘辘之下，不觉进了一家酒馆。就座后，他才忽然悟到自己身无分文，正要离去，看见餐桌上有一张报纸，随手拿来浏览。不想报上有一首小诗清新优美，动人心弦。诗中写道："睡吧，我的宝贝，妈妈的双手轻轻抚着你"。舒伯特心中的旋律随着诗句飘逸而出。他掏出纸笔，顺着思路，一气呵成。他坐在那里，反复吟唱，已浑然忘我。酒馆老板忙乱之中，忽然听到一阵歌声，寻声而至，才知道是一位青年在作曲。老板很喜欢这首新歌，希望青年人抄一份给他。舒伯特提出交换条件：一盘烧土豆。

双方痛痛快快达成协议。谁能料到，这份用一盘土豆换来的手稿在舒伯特百年之后竟卖到四万法郎！

另一件事是说他和朋友在郊外一家小酒店聚会。一位朋友随身带着一本莎士比亚诗集，舒伯特便顺手拿来翻阅。在大家的谈笑声中，他已沉迷于诗句之间："听、听、云雀在天空唱，太阳之神升起。他的马群在泉边饮水，泉边铺满了鲜花……"见诗生情，旋律悄然而至。舒伯特不禁说道："多美的旋律，可惜没有谱纸！"一位朋友闻声便在菜单上画上五线，递给舒伯特。于是，一首优美的歌曲写成了。它就是当今我们都非常熟悉的《听、听、云雀》。也有人说这次写的是另外一首歌：著名的《小夜曲》。既是传说，不深究也罢。

关于《鳟鱼》这首歌也有轶闻。

据说这首歌是他半夜醒来躺在床上构思的。当时，他推敲已定，未及点灯便立刻探身起来，不料在黑暗中将墨水洒在谱纸上。这首乐谱的原稿至今仍然完好无损，上面还留着当年的大块墨水痕迹，可为佐证。

舒伯特一生作品颇丰，其中歌曲多达600多首以上。他是18、19世纪以来的第一位以优秀歌曲闻名于世的音乐家。他在歌曲中所表现的对被欺骗、被损害的弱者的同情，正和当时处在封建复辟巨大压力下的维也纳市民阶层的思想情感息息相通，这些歌曲又充分地吸收融合了当地民间音乐的特性，所以一经面世，便不胫而走，很快在维也纳广为流传。舒伯特的歌曲感情真挚，内容丰富，形式多样，词、曲、钢琴伴奏三者水乳交融、配合密切，为德国艺术歌曲的发展开辟了广阔的道路。人们称舒伯特"歌曲之王"，毫不过誉。他还写有许多其他作品，包括9部交响曲。因为作曲家过于贫困，这些交响曲在他生前一直未能有演奏的机会。

舒伯特与贝多芬都住在维也纳，长达30年。贝多芬长舒伯特27岁，舒伯特在宫廷歌手学校就读时，贝多芬早已名及遐迩，成为一代大师了。舒伯特非常崇敬这位伟大的前辈，怯碍于腼腆，一直未敢登门拜望。后来，为了使作品出版顺利，出版商鼓动他去请贝多芬出面推荐。生计要紧，舒伯特终于壮胆而去。但时值贝多芬外出，他只好留下带去的作品怏怏而归。贝多芬在病中看到了这些作品，高兴地说："这里有天才在闪光！"舒伯特闻讯后，大喜过望，连忙去拜见贝多芬。贝多芬这时已心力交瘁，极度虚弱，他握住这位年轻作曲家的手说："我的灵魂属于你！"说完，便溘然而逝。在贝多芬的送葬队列中，有一位青年手持火把走在前面，因巨大的悲痛而不能自己。他就是才华横溢的贫苦作曲家舒伯特。

翌年，即1828年的11月19日，年仅31岁的舒伯特在贫病交加中离开了人间。人们按照他的遗嘱把他安葬在贝多芬的身旁,墓碑上刻道:"死亡把丰富的宝藏,把更美丽的希望埋葬在这里了。"

贫苦为什么总是与才华结有不解的缘分呢?

"近代管弦乐之父"柏辽兹

(1803～1869)

提到所谓"标题音乐",
必然会首先提到柏辽兹。

埃克托·柏辽兹（Hector Berlioz）1803年12月11日诞生在法国南部的安德烈城。父亲是医生。少年时的柏辽兹喜爱读书，更喜爱音乐。因为居家偏僻，未能受到专业音乐教育，但也会吹长笛，尤其深谙吉他。

1821年3月，父亲送他去巴黎医科学校就读，希望他也能成为一名医生。当他第一次走进解剖室时，看到还在滴血的肢体、内脏，大惊之下，禁不住跳出窗外，呕吐不止。但当他进入巴黎歌剧院时，则如鱼得水，流连忘返，并尤其喜爱德国作曲家格鲁克的作品。

1824年1月，他取得医学学士学位后，便下决心投身音乐事业。1826年柏辽兹考入巴黎音乐学院。

上学期间，柏辽兹对音乐的酷爱之心感动了巴黎歌剧院的管理人员，他们为他在歌剧院的乐池中设了一个"优惠座位"。这个机会对柏辽兹来说太重要了，他可以仔细观察各种乐器的性能、音色和演奏方法，熟悉编配组织管弦乐的奥秘。这件事，成为他日后作为一代管弦乐编配大师的出发点。

1827年9月11日,柏辽兹观看了一个英国剧团演出的莎士比亚剧作,大为折服。从此,他每戏必看,每场必到。谁也没有料到,柏辽兹同时也陷入情网,在崇拜莎翁之外,又多了一个剧团的女主角斯密荪。

然而,落花有意,流水无情。柏辽兹悲痛欲绝。1830年,柏辽兹在痛苦的折磨中写成了表现自己爱情的狂热与绝望的《幻想交响曲》,在巴黎演出后,获得了巨大的成功。这部交响曲为后来标题音乐的充分发展,开辟了方向,其中所使用的"固定乐思"的手法,也成为德国作曲家瓦格纳"主导动机"手法的先驱。

顺便讲一件事。五年之后,柏辽兹再次与斯密荪相遇。这时,斯密荪已是明日黄花,今非昔比,但柏辽兹仍然未改初衷。

斯密荪出席了《幻想交响曲》的一次演出,她感受到了曲中的含义,深为感动。德国伟大诗人海涅生动而幽默地记述了那天演出的情景:"这是在音乐院里,演奏柏辽兹的交响乐。坐在我隔壁包厢中的一个年轻人,把作曲家指给了我,(他)原来就是那个在管弦乐队一端打定音鼓的人。邻座问我:'你看见那个坐在前排的英国美人了吗?那就是斯密荪小姐,柏辽兹先生热恋这位女士已经好几年了。因为有这份儿感情,今天我们才能听得到这样狂放的交响曲。'的确,在靠

柏辽兹与帕格尼尼。

近前台的包厢里,坐着那位英国名演员。柏辽兹目不转睛地盯着她,每当他们视线相遇时,柏辽兹就狠狠地敲打他的定音鼓。斯密荪从那以后就成了柏辽兹夫人,而她的丈夫从那时起也开始经常理发了(之前柏辽兹爱蓄长发)。同年秋天,我在音乐院里又一次听他的交响曲时,他仍然坐在乐队深处的定音鼓旁,那美丽的英国女演员仍靠近前台坐着,他们的视线仍然相遇,但他已不再那样狠狠敲鼓了。"

《幻想交响曲》完成之后,柏辽兹因合唱《萨丹纳帕尔》获1830年度罗马大奖。这时正值七月革命风暴席卷巴黎。柏辽兹得到大奖后,立即持枪跑到街头,不顾枪林弹雨,带领群众高唱《马赛曲》,接着,又把这首后来的法国国歌配上大型管弦乐队,编成合唱,并在总谱上写下题词:"献给一切有声音、有心灵和脉中有鲜血的人。"后来,为纪念"七月革命"的死难烈士,柏辽兹还先后写过一部《安魂曲》和一部《葬礼与凯旋交响曲》。

1835年起,柏辽兹因为作品得不到人们赏识,找不到作曲的工作,不得不靠为报刊杂志撰稿谋生,但也因此而留下一批颇有见地的文章。

极度贫困的阴影始终笼罩着柏辽兹,使他在创作力鼎盛的年代里不得不扼杀自己的灵感。他在《回忆录》里说过一件非常令人痛心的事:"两年前,是我妻子的健康有希望好转而需要更多开支的时候。一天夜里,我做梦仿佛是在写一部交响曲。第二天早上醒来时,差不多整个第一乐章($\frac{2}{4}$拍子,a 小调——这是今天我唯一没有忘记的)全部记得。我走到桌前,要把它写下来,可是脑子里产生了如下的想法:假使我写了这一乐章,就会忍不住要对其他各乐章的诱惑让步,这样,就不能或几乎不能再写短文了,我的收入将相应减少;以后,交响曲写成了,我又忍不住要把它抄写一下,于是我让人抄了分谱,又欠上一千或一千二百法郎的债;分谱一旦抄好,我又忍不住要听听它的演出,我开了音乐会,收入还不足补偿我支出的半数。我无力负担损失,我的病人将失掉她所需要的一切。不论我个人的费用还是我将去学习航海的儿子的费用,都将无法维持。想到这些,我如冷水浇背,不寒而栗。我抛下笔说:算了吧,明天我就把它忘掉。第二天夜里,交响曲仍然固执地在我脑子里滋生,我清清楚楚地听见 A 大调的快板乐章,就好像已把它写了下来。我在激动紧张中醒过来唱了唱那个主题,它的性格与形式都使我非常喜欢。我忍不住了。可是昨天的想法又拖住了我,我尽力不向诱惑让步,我浑身发抖,努力把它忘掉。最后,我睡着了。第二天早上醒来时,一切关于交响曲的记忆都消逝了,真的,永远消逝了。"

早在近十年前,著名意大利小提琴家帕格尼尼就曾委托柏辽兹为自己心爱的斯特拉底瓦里中提琴写一首乐曲。1834年,柏辽兹创作了取材英国诗人拜伦诗歌的《哈洛德在意大利》。可惜帕格尼尼对这首乐曲看走了眼,认为不便发挥他的惊人技巧,遂束之高阁。后来在1838年,帕格尼尼听了别人的演奏后始得识庐山真面目。当时,他竟激动地跪在作曲家面前,泪流满面,大声呼道:"贝多芬死去的天才,只有柏辽兹才能使它再生!"1839年,正当柏辽兹在穷困中进退维谷时,帕格尼尼雪中送炭,赠给他一笔钱,使他得解燃眉之急。第二年,他完成了带合唱的戏剧交响曲《罗密欧与朱丽叶》,题赠帕格尼尼,并亲自指挥初演,大获成功。

由于在国内谋职困难,1842年,柏辽兹离开巴黎,在德国各地指挥演出自己的作品,都受到了热烈欢迎。

1846年,他完成了酝酿十多年的大型传奇剧《浮士德天谴》,并决定自费组织上演。然而,两次演出都没有成功,他破产了,只得再度出国。

当他1848年返回巴黎时,生活又给他带来接二连三的打击:先是父亲和两个妹妹相继去世,接着,爱妻患了麻痹症后,也不治而逝。

1856年,他决计根据罗马诗人维吉尔的《哀尼德》写一部大型叙事歌剧《特洛伊人》。两年后,他完成了该剧的文字脚本与音乐。历尽周折,直到1863年,经过大量删节的《特洛伊人在迦太基》，才得以在巴黎上演。这部巨著风格严谨、气势宏伟，充满英雄气概。柏辽兹把它看作是自己的代表作，也是他少年立志沿着格鲁克传统前进的一部完美的浪漫主义杰作。

柏辽兹最后一部作品是根据莎士比亚《无事生非》写的两幕喜歌剧《碧雅特丽与本尼狄克特》，他终于偿还了为莎士比亚剧作谱曲的宿愿。

1867年2月，命运给了他最后一次致命打击：年仅33岁的儿子路易死于病中。爱子如命的父亲，实在再难支撑了，他的精神已完全崩溃，健康不断恶化。1869年3月8日，柏辽兹终于最后一次离开了巴黎，去追随他朝思暮想的妻儿亲人们了。

柏辽兹在生活的物质世界中一贫如洗，然而在情感的精神世界中，有谁能说他不是十分富有的呢？

"俄罗斯音乐之父"格林卡

(1804～1857)

格林卡是俄罗斯民族乐派的创始人,
他将俄罗斯音乐引向世界,
并为俄罗斯近代音乐的发展开辟了广阔的道路。

米哈伊尔·格林卡(Mikhail Glinka)1804年6月1日生于俄罗斯摩棱斯克的诺沃巴斯科伊。父亲是大地主。因为家庭优裕，格林卡从小就受到了良好的教育。他10岁开始学习音乐。叔叔家雇有一支管弦乐队，为他的学习带来很多方便。

1818年，14岁的格林卡随父母移居彼德堡，进入一所贵族学校。在学校中，他掌握了七八种欧洲语言，并同时从著名作曲家费尔德学习作曲，随著名钢琴家麦亚学习钢琴。假期间，他则回到乡间，去叔叔家的乐队参加演奏。

从学校毕业后，格林卡本来有机会在政府供职，但他却无心于此，回乡参加了叔叔的乐队。在这里，他系统地学习了海顿、莫扎特、贝多芬的作品，并且开始了他的早期创作。

1824年5月，迫于父亲的压力，格林卡前往彼德堡，在交通部任职。他的工作很轻松，有充裕的时间可以用来继续学习音乐。其间，他结交了许多具有民主思想的文学艺术家，尤其和伟大的诗人普希金结下了深厚的友谊。格林卡曾把普希金的许多诗作谱成了歌曲。

1828年夏天，格林卡辞去工作，与朋友一道出国，前往意大利学习音乐。

当时，格林卡非常喜爱意大利作曲家贝利尼和唐尼采蒂的歌剧，他最初的一些作品明显带有意大利音乐的痕迹。意大利的音乐家也很快便熟悉了格林卡，许多人都知道有一位出色的俄罗斯作曲家来到了意大利。每当他走过大街时，常有人说："看，这位就是俄罗斯音乐大师。"

然而，渐渐地，格林卡意识到意大利音乐与自己熟悉的俄罗斯音乐并不全然相同，他尤其不喜欢某些意大利歌唱家过分注意外在效果的作风。一位著名的意大利女高音歌唱家曾请格林卡为她写一首出场的咏叹调，用在唐尼采蒂的歌剧《浮士德》中，格林卡答应了。但这位歌唱家不断提出莫名其妙的要求，格林卡改来改去也未能令她满意。俩人终因审美情趣的不同，不欢而散。

事后，格林卡对别人说："我自己并不想成为一个意大利人，因此，我渐渐已认识到要以一个俄国人的感觉来作曲。"1833年7月，他告别意大利，返回了俄罗斯。

回国后，格林卡向朋友谈起他想创作一部俄国人的歌剧，大家十分赞赏他的想法。文学家茹科夫斯基立即向他提供了歌剧题材——民族英雄伊凡·苏萨宁的事迹，并建议由罗曾男爵编写脚本。罗曾原籍德国，他的俄语程度只够上半瓶子

格林卡为普希金的叙事长诗《鲁斯兰与柳德米拉》创作的歌剧。

醋，又常常出入皇宫，对皇室极尽阿谀逢迎为之能事。他的脚本不仅文字拙劣，而且还想方设法将苏萨宁歪曲成像他一样的沙皇走卒。格林卡拿到剧本后，大为气愤，他坚持剧中的苏萨宁应当是纯朴勇敢的俄罗斯农民形象。在与罗曾的争执中，作曲家寸分不让，罗曾终于无计可施，只得服从。歌剧临公演前，又生出新的枝节，有人代表沙皇向格林卡建议将歌剧剧名易为《献给皇帝的生命》。当然，还得圣旨说了算。

1838年12月9日，歌剧在彼德堡上演，受到热烈欢迎。

这部歌剧在俄罗斯音乐史上具有划时代的意义，正如评论家所说："这部歌剧解决了俄罗斯艺术界的一个重要问题——出现了俄罗斯歌剧。格林卡的歌剧开始了一个新的时期，即俄罗斯音乐时期。"

当然，也不免有人说三道四。格林卡在《札记》中写道："有些贵族说我的歌剧是'马车夫的音乐'。这话说得对，说得好。因为在我看来，马车夫比老爷们强多了！"

不久，格林卡被任命为宫廷合唱团指挥。他很喜欢这项工作，高高兴兴地上了任。

由于长期缺乏正规训练，宫廷合唱团的水平低得令人难以置信，队员们甚至连谱都不识。格林卡到任后，首先要求歌手们学会识谱。队员们懒惰成性，嘀嘀咕咕，不肯就范。格林卡毫不迁就，以身作则，亲自授课。格林卡的讲解清晰生动,队员们兴趣日浓,能力大有长进。

为了补充新歌手,格林卡又亲临各地挑选。他在基辅教区发现一名贫苦农民的儿子很有天赋,便领他到彼德堡,住在自己家中,亲自指导,又送他去意大利深造。这位青年便是乌克兰的著名歌唱家和作曲家古拉克-阿尔戴莫夫斯基。

格林卡在合唱团工作得有声有色,必然渐渐引起一班不学无术者的妒忌发难。格林卡忍无可忍,自知难以为继,于是在1839年借口身体有恙,提出辞呈。当局求之不得,暗自欢喜,欣然同意。

格林卡完成前一部歌剧后,就曾打算根据普希金的叙事长诗《鲁斯兰与柳德米拉》再写一部歌剧。普希金非常高兴,立即着手脚本写作,但就在这时,横遭不幸,在决斗中被刺。其余部分遂由别人合作完成。怀着对诗人的思念之情,格林卡投入了这部歌剧的创作。他拒不纳客,把自己关于屋里,在房间中走来走去,集中思考。他后来回忆说:"我曾通宵处在狂热的状态中,幻想不断地涌现,歌剧就是在这样的情况下写成的。"

1842年12月9日,《鲁斯兰与柳德米拉》首演,彼德堡大歌剧院再度爆满。演出结束后,人们向作曲家报以热烈的掌声,但谁也不曾注意到还在演出过程中皇家包厢就已经空无一人了。龙颜不悦,格林卡当然不免遭到上流社会的大肆攻击。1844年6月,他再度出国,来到巴黎。

在巴黎,他结识了著名法国作曲家柏辽兹。格林卡十分敬重柏辽兹的作品,与柏辽兹成为非常要好的朋友。格林卡说:"柏辽兹待我十分亲切,这是那些傲慢的巴黎艺术家们所做不到的。"柏辽兹在巴黎举行音乐会,亲自指挥上演格林卡的作品。音乐会十分成功,一时间格林卡的音乐成了巴黎音乐界的热门话题。

第二年,格林卡来到西班牙,所到之处,无不受到热烈欢迎。他在西班牙结交了许多各式各样的朋友,其中不乏贩夫走卒引车卖浆者流。格林卡当时在一封信中写道:"西班牙民族音乐是我研究的主要对象。为了达到我的目的,必须向赶车人、工匠以及其他普通百姓求教,十分注意地倾听他们唱歌。"在西班牙期间,他写有许多作品,其中以管弦乐曲《马德里之夜》最为著名。

1847年6月,格林卡返回故乡,集中全部精力投放在创作上。第二年,他写出了举世闻名的管弦乐曲《卡玛林斯卡亚》,这部作品得到了极高评价。柴科夫斯基后来说:"就像橡树存在于橡实中一样,全部俄罗斯交响音乐都存在于《卡玛林斯卡亚》之中。"

1856年,格林卡再度出国,前往柏林。这时,他的健康情况突然恶化,病情急剧发展,终于在举目无亲之中,于

1857年2月15日病逝柏林。丧事匆匆，墓碑上仅仅刻了一行姓名。

1857年4月5日，格林卡移柩彼德堡。如今在他的周围，如众星拱月，埋葬着他的一系列优秀继承者：达尔戈梅斯基、巴拉基列夫、穆索尔斯基、鲍罗丁、柴科夫斯基和里姆斯基－科萨科夫。

格林卡生前曾有一句脍炙人口的名言："创造音乐的是人民，作曲家不过把它们编在一起而已。"但人民仍然深深感谢这位忠实的儿子，感谢他为人民创造的宝贵精神财富。

"一位幸福的音乐家"门德尔松

(1809～1847)

人人知道这是一位幸运的作曲家,
富足的生活环境,
使他避免了许多作曲家未能避免的艰辛坎坷。

费里克斯·门德尔松（Felix Mendelssohn）于1809年2月3日生在德国汉堡的一个富裕的犹太家庭。他的祖父是著名的哲学家，父亲是银行家，母亲才能出众，素质极高，她会好多种欧洲语言，还是一位优秀的希腊语学者，她会绘画，更会弹琴唱歌。对于孩子们来说，父母亲真是他们的良师益友。

　　两岁时，门德尔松随家人移居柏林。3岁时开始和7岁的姐姐芬尼一齐随妈妈上音乐课。教学组织得很有章法：开始时每次5分钟，直到孩子们能够较长时间集中注意力后，才渐渐延长时间。此后很长一段时间里，母亲始终坚持指导督促孩子们学习音乐。

　　后来，门德尔松一家曾一道前往巴黎。两个孩子因此而有机会受教于杰出的钢琴教师比戈夫人。在她的指导下，孩子们的技巧有了突飞猛进的发展。回到柏林后，父母把孩子们的文化教育托付给了德国首位诺贝尔文学奖获得者著名作家海塞的父亲，并且请作曲家、钢琴家路德维希·伯格给他们上钢琴课，作曲家、指挥家采尔特教他们作曲及通奏低音记谱法；亨宁教小提琴，罗塞尔教绘画。孩子们整天勤学苦练，非常用功，除了星期天外，每天都是早晨5点钟起床开始一天的功课。

门德尔松9岁时首次公开演奏钢琴。第二年他参加柏林合唱团，演唱童声男高音。这时他开始练习作曲。他最早的作品是一首合唱，题为《庄严动人的歌声》。那时，他还写有一首三个乐章的《钢琴三重奏》，两首钢琴奏鸣曲，四首风琴曲以及一些歌曲、小提琴奏鸣曲，等等，甚至还有喜歌剧。这些作品虽不免充满稚气，但同样都显示出不同寻常的才华。

门德尔松的家庭在德国知识分子中很有名望，哲学家黑格尔、诗人海涅，著名作曲家韦柏都是他们家的座上客，门德尔松从小就认识他们。12岁那年，他的老师采尔特还把自己的这位得意门生向至交——诗人歌德作了介绍。73岁的老歌德非常喜欢这个天资聪颖的孩子，喜欢他的演奏，喜欢他的即兴创作。门德尔松成了歌德家中不可缺少的常客。老诗人曾留小门德尔松住在自己的家里，每天早晨给他一个吻，下午再增加一个，待他十分亲切。小门德尔松对老人更是尊敬爱戴。他们常常手拉手一道去花园散步，在歌德身旁，小门德尔松觉得自己长大了；看着孩子，歌德也变成了一个"老天真"。每到下午，门德尔松便为歌德弹两个小时钢琴，一部分是巴赫的赋格，一部分是即兴演奏。老人坐在旁边认真地

门德尔松创建的德国第一所音乐学院——莱比锡音乐学院。

欣赏。一曲终了，都要展开热烈的讨论。傍晚，家里的人便聚在一起玩牌。

门德尔松于1821年11月6日在魏玛写给父亲的一封信中，讲述了他在歌德家的生活。信中写道："他人真好，我觉得他那些画像一点也不像他本人。他看起来根本不像73岁，倒像50来岁。"四天之后他又写道："每天下午他总要打开钢琴，对我说：'今天你还没有弹琴给我听呢，来热闹一下吧。'然后，便照例坐在我身边静静地听。我大半是即兴演奏。每一弹完，他便赐我一吻，或者让我吻他。你们简直想象不出他对我是何等仁慈友善。当提到离开的日子时，歌德就敞开他那雷鸣般的嗓子，责骂采尔特要将我带回老巢——他称呼我们的家为老巢。他命令采尔特老老实实地把我留下，自己走。每当我为他演奏贝多芬的《第五交响曲》第一乐章时，都发现他对贝多芬的音乐不太有兴趣。他认为像这样的作品不能让人感动，只能让人惊讶。他说，一个人仅用钢琴便能演奏出如此强的音响，假如是几十人组成的交响乐队来演奏，真是不可想象。"在信中，我们不仅看到了他与歌德的亲密关系，同时也为一位孩子居然能如此生动地描绘出老诗人的音容笑貌而感到惊讶。

歌德非常关心门德尔松的成长，他用自己的名望和威信，为门德尔松提供了各种帮助。为了使门德尔松的才华为更多人了解,他曾多次特地为门德尔松举办了个人音乐会,每当乐曲结束时,他总是带头鼓掌。他为门德尔松精心编织的"保护网",成为门德尔松的艺术道路通向成功的重要保证。

门德尔松17岁时完成了他的成名之作《仲夏夜之梦》,19岁就读柏林大学。

门德尔松成年之后,写有许多传世之作,他的49首钢琴小曲《无词歌》更是脍炙人口。此外,他还创建了蜚声世界的德国第一所音乐学院——莱比锡音乐学院。尤其具有划时代意义的是,在19世纪"重新发现巴赫"的呼声中,1829年,门德尔松20岁时指挥上演了被人遗忘长达百年的《马太受难乐》。这是一部被誉为"18世纪最高音乐成就"的作品。它的复演,使人们真正认识到了作者约·塞·巴赫在整个西方音乐历史中所本应占据的至高地位。

人们常说门德尔松是一位幸福的音乐家,的确言之不妄。他家境富裕,成长顺利,从来不曾领略过饥饿贫穷的痛苦。然而,正是基于同样的原因,他也很难理解表现在许多作曲家音乐作品中的斗争精神与悲愤心境。

门德尔松曾在一个朋友的带领下见过俄罗斯天才的作曲家格林卡。当时,格林卡正在生病。门德尔松可能觉得对方不过尔尔,谈吐之间总带有嘲弄的口吻。经大家再三请求,门德尔松才勉强演奏了他的一首轻快的小曲。人们听了,反应都很冷漠。事后，大家一致认为他的作品缺乏激情，缺乏刚健之气，缺乏强烈的思想性。格林卡说："我听了他的演奏，实在无法据此判断他的才华。"门德尔松见到柏辽兹时，态度也是如此，并且对柏辽兹的作品深不以为然。柏辽兹说："门德尔松实在是太敬爱死人了。"对于门德尔松狭隘保守自以为是的作风，这真是中肯切要的批评。

1847年5月，传来了姐姐芬尼去世的消息，门德尔松悲痛万分，一病不起，半年后，同年11月4日，逝世于莱比锡，其时仅38岁。

富足的生活环境，竟也未能让门德尔松避免英年早逝的噩运。

"19世纪音乐界的佼佼者"舒曼

(1810～1856)

19世纪,
是人类思想、文化的转变时期,
其间人才辈出,如过江之鲫。
有许多音乐家不仅擅于演奏、精于作曲,
而且热衷于以文律乐、著书立说。
其中之佼佼出类者当首推舒曼。

罗伯特·舒曼(Robert Schuman)1810年6月8日出生在德国的兹维考。父亲酷爱文学,是位出版商兼书商;母亲是一位普通主妇。家里没有谁曾与音乐有缘。但舒曼6岁始学钢琴,7岁时尝试作曲,从小就显示出罕见的音乐才能。少年舒曼想象力丰富、情绪敏感,但偶尔也有过于激昂而不稳定的征兆。

舒曼10岁上学读书。他兴趣广泛,样样在行,与同学们自行组织乐队,自己作曲,并熟读了古今文学名著,还试写过剧本、小说。这些努力,都深得父亲的赞许与支持。

1826年,舒曼中学毕业时,父亲不幸去世。母亲希望他能成为法官。舒曼不忍有拂母意,只好于18岁那年,勉难进入莱比锡大学。

大学期间,舒曼整天所好的是读文学、学哲学、练剑术、看歌剧,与法律几乎一无相干。这时,他虽然还在练习钢琴,且偶有音乐作品问世,但尚无心做音乐家,正徜徉在文学、音乐各种爱好之间。

1830年，20岁的舒曼去法兰克福听了一场帕格尼尼的音乐会，大为振奋，遂痛下决心，舍弃法律学习，献身音乐事业。

两年前，舒曼初到莱比锡时，曾投师钢琴教育家维克。维克老师很器重舒曼的才华，深信不消几年，舒曼一定能成为第一流的钢琴家。为了不负师望，舒曼索性搬进老师家住，不顾一切地拼命努力练琴。然而，欲速不达，事与愿违。1832年，他擅自采用自己发明的加强手指训练的特殊方法：用带子捆住右手指，带子的另一端系在天花板上，其余的手指猛力敲击琴键。这种冒险游戏不仅于事无补，反倒损伤了他的右手，迫使他放弃了成为钢琴家的愿望，掉转船头，从师莱比锡的指挥多恩专攻作曲，并开始撰写音乐评论文章。

舒曼在音乐指评方面的建树，是一件值得大书特书的事情。他的文章观点鲜明、眼光敏锐、文笔生动、言词犀利，勇敢地为新一代浪漫主义音乐家摇旗呐喊，鸣锣喝道，有力地鞭挞了当时流行于德国的庸俗保守的艺术观。

1831年，他发表了第一篇文章，向世界宣告了青年音乐家肖邦的天才；1853年，他留下了最后一篇文章，将默默无闻的勃拉姆斯带进了人们的视野。

1834年，舒曼创办了《新音乐杂志》，在杂志中建立了一个包括古今所有进步音乐家在内的假设组织"大卫同盟"。发

舒曼与爱妻克拉拉。

表言论的盟员有三位：弗罗列斯坦、埃塞比乌斯和拉罗。这三位其实都是舒曼一个人。他以三种不同的性格、三种不同的口吻，表述了自己的意见。杂志的方针是"对那些过时的，注定要灭亡的东西，站在未来的立场上，给它一个先知先觉的无情打击。"这本杂志持续了10年之久，影响很大，包括肖邦、李斯特、柏辽兹、门德尔松、勃拉姆斯在内的艺术家们都应感谢他的大力支持。

1836年春天，舒曼与相识9年的老师维克的女儿、杰出的钢琴家克拉拉相爱了。这对年轻人的爱情遭到维克先生的强烈反对。舒曼这时虽已取得耶鲁大学的哲学博士学位，但维克仍然认为他配不上自己的女儿。舒曼无奈之中只好求助于法律，他的法律知识居然现在还当真派上了用场。经法院判决，两个人才争取到结婚的权利。

1840年9月12日，他们历尽艰难，终成眷属。作为结婚礼物，舒曼送给克拉拉一部包含26首歌曲的歌集《桃金娘》。婚后，他们举案齐眉，相敬如宾，并且常常一起演出：舒曼作曲，克拉拉演奏。舒曼这些钢琴作品清新明朗，饶富诗意，与克拉拉的精彩演奏珠联璧合，相得益彰。这一年舒曼歌曲创作所获颇丰，人称舒曼的"歌曲之年"。他的歌曲在德国艺术歌曲的发展中，占有很高的地位。

包括著名的《梦幻曲》在内的《童年情景》钢琴套曲也

是他在1840年的作品。他对克拉拉说："由于回忆起你的童年时代，我写下了这部作品。每次弹这些曲子，童年时代的许多情景就会在脑子里苏醒过来，使我深深动情。"

1841年以后，舒曼开始构思大型作品。这一年他完成的第一部作品是《B大调交响曲》，仅仅用了4天。克拉拉在日记中写道："今天，罗伯特（舒曼）终于完成了交响曲。他大部分都是夜间写作，通宵达旦也是常有的事。他称这部作品为《春天交响曲》。"这首交响曲于1841年3月31日由门德尔松指挥首演于莱比锡，大获成功。

有了上次合作，舒曼与门德尔松的友谊日益加深。1841年，克拉拉在门德尔松领导的莱比锡爱乐协会"格万大厅"的定期音乐会上，演奏了舒曼的《a小调幻想曲》。1843年，门德尔松创办了莱比锡音乐学院，聘请舒曼出任钢琴与作曲教授，舒曼欣然而往。

由于工作的繁忙劳累，舒曼的健康受到严重损害。从1844年开始，他的精神出现异常；1850年后，日渐严重；1854年，舒曼的精神完全呈现不健全状态，常常产生幻觉。一个冷天，他的病情发作，仅仅身着一件单衣就跳进冰冷的莱茵河。被人救起后，他已不辨亲人，遂被送至疯人院。1856年7月29日，他在疯人院内躺在克拉拉的怀中，离开了自己最亲的亲人。

舒曼逝世后,夫人克拉拉怀着深深的悲哀到各地去演奏旅行,不遗余力地大力介绍舒曼的作品,为他们之间至死不渝的爱情,献上了最后的花朵。

"钢琴诗人"肖邦

(1810～1849)

"一尊藏在花丛中的大炮",
对于肖邦的音乐,
再不能比舒曼这一评语更为形象、准确了。

弗里德里克·弗朗索瓦·肖邦（Frederic Francois Chopin）1810年2月22日出生在波兰华沙附近。父亲是具有波兰血统的法国人，在一位贵族家里担任家庭教师。母亲是波兰人，她和蔼可亲，又很喜爱音乐。

肖邦很小就开始学习钢琴，8岁举行了首次演奏会，12岁开始学习作曲，

16岁考入刚成立的华沙音乐学院。

少年时期的肖邦，常常居住在乡间，流传在农民中间的波兰民间音乐，给他留下了终生难忘的深刻印象。他非常热爱自己民族的悠久音乐传统，常常为民歌感动得热泪盈眶。后来，他曾对人说："你知道，我曾经为探索我们民族音乐的灵魂付出过多大努力。"

肖邦来到音乐学院之前，就曾从著名作曲家埃尔斯内学习，肖邦入学时，埃尔斯内正任音乐学院院长。当时，波兰正处于沙皇俄国的统治之下，埃尔斯内不仅仅是一位音乐家，同时也是一位坚定的爱国者。肖邦深深敬佩自己的恩师，老

师也非常器重自己的学生。埃尔斯内预言,肖邦一定会作为一个伟大的民族艺术家而载入波兰文化史册。

1829年,肖邦从音乐学院毕业时,已经成为举国公认的钢琴家和作曲家了。

第二年,肖邦决定出国旅行演奏。出发时,老师埃尔斯内和音乐学院的同学们都来为他送行。大家怀着依依惜别之情,含着眼泪一齐唱起了波兰民歌。老师埃尔斯内为肖邦特意写了一首告别歌,歌中说:"无论你去何方,让人们听到你的音乐声声。虽然你离开了祖国,你的心仍旧和我们在一起。"歌声甫止,一位同学走过来,手里捧着一只装满波兰泥土的银杯,他严肃庄重地说:"愿你永远带着它,不管走到哪里。希望你时刻记着波兰,永远用一颗忠诚而温暖的心爱你的祖国。"肖邦泪如泉涌。他双手接过银杯,激动地对在场的人说:"在我心中,在我的音乐里将深深地拓上祖国的烙印,永远,永远都不会忘记。"他情不能禁,声音颤抖:"我深知,我将永远离开华沙,无日再返。我正在向祖国作永久的告别。"马车上路了,肖邦就这样怀着深深的痛楚,告别了梦系魂牵的亲爱祖国。

肖邦离开祖国不久,便发生了轰轰烈烈的华沙起义。肖邦异常振奋,他将自己对祖国的深深思念和渴求参加战斗的激动心情,都凝结在《b小调谐谑曲》这首乐曲中了。

华沙古城广场中央矗立着闻名遐迩的美人鱼像,手持宝剑的美人鱼像是华沙的象征,她代表的是住在维斯瓦河守护着华沙的女神。

第二年7月,华沙起义失败了,肖邦得知后,义愤填膺。他一反平日温文尔雅的常态,用力捶击钢琴,大声吼道:"不,波兰不会灭亡,绝不会!"他恨自己手无寸铁,于是写成《第一叙事曲》和《革命练习曲》,在音乐中表达了无以名状的深刻痛苦和对革命必胜的强烈信念。

由于革命失败,肖邦离别祖国时的预感,不幸言中,他已无法回到祖国,于是来到艺术名流云集的文化名城巴黎。

波兰著名爱国诗人密茨凯维奇因反对沙皇而被逐,几经辗转也来到巴黎。共同的理想,共同的事业把他和肖邦紧密地联系在一起,音乐家和诗人成为一对志同道合的至交。肖邦在给朋友的信中曾这样说:"我又看见了密茨凯维奇。我知道他是为什么来的,我立刻坐下弹琴。最近一次我弹得很久,我不敢回头,但是能听见他在哭。他走时,为了不让佣人看见他的眼泪,我亲自帮他穿好大衣。他温柔地拥抱我,吻我的额头,说出了整个晚上的第一句话:'谢谢你,你把我带回到'他呜咽着,无法说完话,就走了。"

在巴黎,与肖邦关系密切的友人中,还有法国作家巴尔扎克、雨果,画家戴拉克罗瓦和德国诗人海涅。另一位同样著名的钢琴家、作曲家李斯特也是他家的常客。李斯特非常敬佩这位与自己气质相反的音乐家,他赞叹道:"肖邦的音乐好像是旷野中鲜花散发的芬芳,使陌路的旅客不期然地嗅到一股香气。又有谁能分得清音乐中哪些是诗人的灵感、哪些是人民的灵感呢？"

1836年，经李斯特介绍，肖邦认识了法国女作家乔治·桑。乔治·桑大胆热情，独立不羁，深深吸引着多愁善感、性情文雅的肖邦，他们共同生活了10年。

乔治·桑为肖邦提供了充满温馨的生活、创作环境。每当夜深人静，万籁俱寂，窗外月光似水，室内温暖如春，在摇曳的灯光下，肖邦坐在琴旁，轻轻演奏。乔治·桑悄然而立，默默地注视他。每当肖邦回眸时，她便报以会心的甜蜜微笑。这10年间，肖邦度过了自己一生中最幸福的时光，也留下了自己一生中最重要的作品。

悠悠思乡之情一直在折磨着肖邦，繁重的创作与演奏工作，更严重地损害了他的健康。1848年2月，肖邦举行了最后一次音乐会。之后，他的病情愈发加重。1849年10月17日，39岁的"钢琴诗人"肖邦离开了人世。他的朋友们遵他遗嘱，取出18年前从波兰带来的银杯，把祖国的泥土撒在了他的棺柩上，并把他的心脏运回了波兰。肖邦终于叶落归根，与他日夜思念的祖国长相厮守，永不分离了。

肖邦一生中几乎只为钢琴写作音乐，他的钢琴作品充满诗意，充满激情，也充满了波兰民族的风格特征。人们或许更多地注意了他音乐中如泣如诉、如诗如梦的方面，但深刻的悲哀、凝重的沉思、英勇的搏击似乎更应是他音乐中的主要内容。

肖邦临终前最后一句话，是呼唤着："妈妈，可怜的妈妈！"可又有谁知道，在他充满痛苦的心灵中想的是什么呢？

"钢琴之王"李斯特

(1811～1886)

一位东欧作曲家,
曾以其烈火般的激情雷电般的气势,
闪烁在 19 世纪西欧乐坛中,
留下了至今不灭的光辉,
他就是李斯特。

〉〉〉

弗朗茨·李斯特（Franz Liszt）1811年10月22日生于匈牙利雷定镇。父亲是匈牙利艾斯塔哈基伯爵的会计师，也是一位业余的音乐家。他6岁起随父亲学习钢琴，演奏了贝多芬的大量作品，风格独特的匈牙利吉普赛人的民间音乐也在李斯特的幼小心灵中留下了深刻的印象。

李斯特9岁时在欧登堡举行了第一次独奏音乐会，极为成功，深得艾斯塔哈基伯爵的赞赏。伯爵给了他6年的学费，以为鼓励。父亲看到儿子在音乐上的才能，决心进一步创造条件。他卖掉所有家具，凑足费用，举家迁往维也纳。

10岁的李斯特来到维也纳后，从贝多芬的学生、伟大的钢琴教育家车尔尼学习演奏，同时向著名的意大利作曲家萨利埃里学习作曲。一年后，在维也纳举行了首次音乐会，轰动了全城。翌年，他举行了第二次音乐会，这次音乐会使他终身难忘。

53岁的贝多芬这时正住在维也纳，由于双耳失聪，所以深居简出，难得在公众场合露面。谁也不曾想到，他居然出席了李斯特的第二次音乐会。那天，李斯特虽然用尽浑身解数，竭尽全力认真表演，可惜贝多芬什么也没听见。音乐会后，贝多芬走到台上，交给他一个主题，让他即兴演奏。贝多芬听不见，但从李斯特触键的手指上、表情上完全感受到了他奏出的音乐。贝多芬抑制不住内心的喜悦，搂住李斯特，亲吻他，并预言："这孩子将以自己的音乐震惊世界。"

1823年，为送李斯特进巴黎音乐学院就读，他全家人移居到巴黎。音乐学院院长凯鲁比尼拒收外国学生，李斯特便改投作曲家帕耶尔。1827年，父亲去世了，16岁的李斯特断绝了生活来源，只好靠演奏、教课谋生。

不久，因初恋失败，李斯特大为沮丧。这时，罗西尼的歌剧《威廉·退尔》正在巴黎上演，精妙绝伦的音乐，让李斯特沉疴尽愈，恢复如初。小提琴家帕格尼尼的独奏音乐会，更使李斯特明确了学习的榜样，他决心在钢琴演奏领域中做一番翻天覆地的事业。为了表达对帕格尼尼的爱戴，李斯特把帕格尼尼的许多小提琴作品改编成了技巧高深的钢琴曲。柏辽兹的标题音乐，也使李斯特大为倾心，他后来一直热衷此道乐而不疲，先后写了12首标题交响诗，其中包括《匈奴之战》《塔索》《玛捷帕》《从摇篮到坟墓》等著名作品。

1831～1834年，法国里昂爆发了震惊世界的纺织工人起义。李斯特来到里昂，以起义工人的战斗口号"不能靠劳动

李斯特正在演奏。

而生,毋宁为战斗而死"为题词,写了名为《里昂》的钢琴曲,以表明对起义工人的支持。

1837年,李斯特在维也纳旅行演奏时,将舒伯特的圆舞曲改编成钢琴曲《维也纳黄昏》。当时,舒曼在《新音乐杂志》上发表文章评论李斯特:"他幻想般的外貌也掩不住内心如喷火般的情感,从其内部爆发出来的音响,有如巨大废墟中的火焰,有落雷般的威力。"

李斯特自从10岁随父亲离开家乡,再未回到过祖国。但他对于祖国,对于祖国人民时刻未曾忘怀。1838年,匈牙利遭受水灾,百多万人背井离乡,无家可归。旅行演出中的李斯特闻讯后,立即赶回维也纳,为家乡同胞举行了10场义演。李斯特的精湛演奏艺术和拳拳爱国之心,令观众大受感动,场内群情鼎沸,演出常常无法结束。

李斯特与肖邦是同代人,且年纪相仿,但在艺术风格上却彼此大相径庭,但他们互相敬重,结成了非常要好的朋友。

有许多音乐家当时都曾得到过李斯特的帮助。1848年至1859年,他在魏玛担任宫廷乐长期间,曾先后帮助瓦格纳上演了歌剧新作《汤豪塞》和《罗恩格林》;又帮助上演了柏辽兹的《本韦努托·切利尼》,还在音乐会上上演了柏辽兹的全部作品。这10年也是李斯特自己创作丰收的年代,12首交响诗与《浮士德》《但丁》两部交响曲以及20首《匈牙利狂想曲》

中的前15首都出于此时。然而,李斯特却常常说:"即使我自己一生没有写出过任何好音乐,但只要能从别人那里认识到和欣赏到伟大作品,我也会同样深深感到真诚的愉快。"

李斯特虽然待人热情宽厚,但并非软弱可欺。一次旅行中,他被沙皇请去演奏。沙皇漫不经心地躺在沙发上,一边嬉笑聊天,一边听李斯特演奏。李斯特略停片刻,以期引起注意,但沙皇浑然不觉,依然我行我素。李斯特忿然之下,中止了演奏。沙皇见状,吃惊地问道:"先生,怎么不弹了?"李斯特一笑,说:"陛下说话,不便打扰,理应保持安静。"愚钝狂妄的沙皇一时间瞠目结舌,无以为对。

李斯特一生在婚姻上未能如愿。他与充满才情的卡萝琳公主相爱后,拟于50岁生日时同年轻的公主永结同心,但因涉及宗教关系,遭到罗马教皇否定。他心灰意冷,落发归隐,在罗马,进了修道院。卡萝琳在无望的哀怨之中,毕生埋头写作,矛头直指罗马天主教会,直到离世。

三年后,李斯特还俗回到魏玛,以教授音乐为生,平静地度过了余生。1886年,75岁高龄的李斯特,身患肺炎,在参加瓦格纳的庆祝活动中,病逝拜鲁特。

李斯特一生的创作中除了交响诗之外,占主要位置的是大量的钢琴作品,这些作品为钢琴音乐的发展做出了巨大的贡献。作为钢琴家,即使不能说他是有史以来最好的,也应当是最好的之一。李斯特对后人有着很大的影响，瓦格纳则是首先得益并真正继承发展了他的榜样。

"一位倔强的斗士" 瓦格纳

(1813～1883)

瓦格纳是位音乐家,
也是一位倔强的斗士。
他不仅曾荷枪实弹出入于战斗的烽火,
而且驰骋于歌剧的改革中,
与陈腐的传统、保守的世俗展开了英勇的搏击。

理查德·瓦格纳（Richard Wagner）1813年5月22日出生于德国的文化中心城市——莱比锡。父亲是一名警察局的书记官，双亲都非常喜欢歌剧。瓦格纳出生不久，父亲便去世了。继父是一位歌剧演员，他常带瓦格纳去剧院。舞台生活的影响和周围环境的熏陶，使幼小的瓦格纳对戏剧和音乐产生了浓厚的兴趣。

瓦格纳天性聪慧，少年早熟，对文学、诗歌、戏剧和历史无不十分爱好。他曾在莎士比亚的戏剧，歌德和席勒的诗歌上大下一番工夫，翻译过很多歌剧。14岁那年，他模仿莎士比亚的《哈姆雷特》和《李尔王》自己还创作了一部悲剧。1827年春，他读到一篇介绍贝多芬的文章，大为感动，于是，开始研究贝多芬的作品，常常去聆听贝多芬作品的音乐会，这些音乐都给予他十分强烈的影响。他决心学好作曲，当一名歌剧作曲家。

1830年，瓦格纳入莱比锡大学主修哲学和美学，学业虽未能专心，作曲倒有了长足的长进。瓦格纳26岁时来到巴黎，

"一位倔强的斗士"瓦格纳

靠改编流行的歌剧选曲和替出版商校对乐谱为生。此时他已写完歌剧《黎恩济》和《漂泊的荷兰人》。

1842年,因《黎恩济》在国内上演,瓦格纳启程回国定居德累斯顿。在回德国的路上,又见莱茵河,瓦格纳止不住泪流满面,他说:"我虽是一个贫穷的艺术家,但我发誓永远效忠祖国。"前述两部歌剧因其创新精神,未能得到广泛认可,所以他的处境也没有太多的变化。后来,他又继续创作了歌剧《汤豪塞》和《罗恩格林》。

同行的妒忌,舆论的攻击,权贵的犯难,在难以忍受的压力下,他一度产生了强烈的厌世感。

这时,迎来了1848年的欧洲革命。瓦格纳所在的德累斯顿也掀起了"五月暴动",起义军和政府军在街道上展开了激战。痛苦中走投无路的瓦格纳索性参加义军,投入战斗。他不仅身先士卒冲锋陷阵,张贴标语鼓动军情,而且还只身孤胆深入敌后,冒着生命危险侦察敌情。

政府对瓦格纳恨之入骨,下令通缉:"本地宫廷乐长瓦格纳,因参加暴动,应受法庭审判,但至今尚未捕获。特提请所有警察机关注意上述情节,如在贵辖区找到瓦格纳本人,请立即逮捕。"

起义失败后,瓦格纳逃离德累斯顿来到魏玛,藏在匈牙利杰出作曲家李斯特家里。在李斯特的帮助下,他悄悄越过

瓦格纳歌剧《帕西法尔》剧照。

国境，躲开追捕，来到了瑞士的苏黎士。

在苏黎士，瓦格纳重振旗鼓，潜心著述，完成了一系列歌剧理论著作。

瓦格纳把他的歌剧称为"乐剧"，他认为歌剧的中心问题是处理音乐与戏剧的关系。乐剧和我们说的传统歌剧不全一样。乐剧打破了传统歌剧中一段一段的分曲结构形式，也取消了咏叹调、宣叙调之间的界限，它用的是不断贯穿发展的"无终旋律"；人声演唱也不像在传统中那样独立了，它与乐队合成一个谁也离不开谁的整体。瓦格纳在乐剧中为各个人物、事件甚至道具都写有各不相同的"主导动机"，这些动机成了它们所代表的各种事物的标志，并随着事物在剧情中的发展而变化。瓦格纳曾提出一种"综合艺术"的主张，要求从舞台中所看到、听到的一切都服从于戏剧本身的发展，不要求它们有独立性。乐剧正是这一主张的产物。

瓦格纳为了实现自己所倡导的歌剧改革，事无巨细，身体力行，他自己动手编写剧本，自己作曲，自己指挥，甚至还于中客串演员。瓦格纳精力充沛，个性坚强。他不顾世人的反对，英勇直前地追求自己的目标，在歌剧改革事业上，取得了划时代的重要成就。

瓦格纳的盛名之下，不免招来一些冒充风雅的假斯文。瓦格纳在伦敦访问时，曾结识自称是他的崇拜者皮克廷勋爵。

这位勋爵听说瓦格纳正要开音乐会，马上表示一定到场领教。音乐会后举行了招待会，大家纷纷祝贺作曲家的成功。皮克廷当然也在座。他在会上赞扬瓦格纳说："我还从来没有这样笑过，您瞧，演了半个多钟头，我才认出您戴着蓬松的假发，把整个脸都涂黑了。"真是语惊四座。原来这位热心的贵族进错了剧院，听了一晚上黑人表演的滑稽喜剧。

1872年，在他的崇拜者、年轻的巴伐利亚路德维希二世的帮助下，瓦格纳梦寐以求的歌剧院落成了。它坐落在拜鲁特小城。它的造型、结构采用了罗马剧场式的半圆形，观众席呈阶梯式，乐队、指挥都被安置在乐池里。瓦格纳在感恩戴德之中，一反年轻时的革命初衷，为王室歌功颂德。为五斗米摧眉折腰者，桀骜如瓦格纳，竟也未能免俗，令人扼腕。

1876年8月，瓦格纳在这里上演了他的巨作——《尼伯龙根指环》。它由《莱茵的黄金》《女武神》《齐格弗里德》和《神界的黄昏》四部歌剧合一而成。每演一套需要4天，首演进行了12天，反复上演了全戏共3次，其喜庆气氛可想而知。

1882年，他最后一部歌剧《帕西法尔》上演了。他在安排演员时，和年轻的妻子科西玛（李斯特的女儿）发生了争执。之后，他的身体每况愈下，于1883年2月13日客死在前往就医的威尼斯。

他在遗嘱中说，在他死后30年内不许任何地方上演《帕西法尔》，只有拜鲁特剧院是例外，因为它是唯一配演这部"神圣作品"的剧院。他认为，如果在别处上演，该剧的艺术风格就荡然无存了。直到1903年，经纽约大都会歌剧院设法将它搬上了纽约舞台之后，这部歌剧才有机会在拜鲁特之外的剧院与观众见面。

瓦格纳的毕生奋斗没有付诸东流。他改变了歌剧发展历史的进程，从他之后，歌剧便再也不能是昔日旧貌了。

"音乐界 3B" 之勃拉姆斯

（1833～1897）

人们常说德国最伟大的作曲家有三位，
因为这三位作曲家的名字都从字母 B 开始，
所以又称"三 B"。
他们是巴赫、贝多芬和勃拉姆斯。

约翰内斯·勃拉姆斯(Johannes Brahms)于1833年5月7日生于汉堡的一个音乐家庭。父亲是汉堡交响乐团乐师。

勃拉姆斯从小跟父亲学习音乐。他的音高辨别能力很强，6岁时，就能背向钢琴又快又准地听出父亲所弹的每一个音，从不出错。因此，父亲总怀疑他是否回头偷看过键盘。少年时代的勃拉姆斯学习非常刻苦，当小朋友们游戏时，他总是独自练琴、读书。12岁时，他开始学习作曲。父亲打算让勃拉姆斯像自己一样成为弦乐演奏家，但勃拉姆斯更喜爱钢琴，14岁时就举行了公演的钢琴独奏音乐会。迫于生计，他小小年纪便开始在小酒馆和舞厅演奏钢琴补贴家用了。

1853年1月，20岁的勃拉姆斯与匈牙利小提琴家莱梅尼一同去旅行演奏。他们来到杰鲁雷根城。临开演，俩人才发现舞台上的钢琴比莱梅尼用的小提琴低半音。这时，请人调琴已经来不及，小提琴家怕影响效果又不肯放低提琴弦。出场时间已到，不容再犹豫。勃拉姆斯信步走上舞台，凭着惊人的反应和高超的技术，把钢琴部分全部提高半音演奏。一曲终了，轻松自若，小提琴家已自惊呆在听众的热烈掌声中。

经著名小提琴家约阿希姆介绍，勃拉姆斯见到了心仪已久的李斯特。李斯特非常热情地接待了勃拉姆斯，并对他的作品给予了很高的评价，鼓励他继续努力。但勃拉姆斯在与李斯特的几天接触中，渐渐对李斯特过分沉溺于荣誉中的傲然作风不以为然，他也不喜欢李斯特夸张华丽的钢琴演奏风格。他觉得自己与李斯特相距甚远，且又对李斯特的情趣不敢苟同，所以深感失望。

一天，李斯特为宾客们演奏了勃拉姆斯的作品，然后又满怀激情地演奏自己的新作《b小调奏鸣曲》。曲犹过半，李斯特停下手来，想回头看看勃拉姆斯作何表情，不想勃拉姆斯已鼾声大作进入梦乡了。李斯特当然十分生气，拂袖而去。这次会面就这样不欢而散了。

与此前后，也是由约阿希姆介绍，勃拉姆斯来到舒曼家造访。

身患重病的舒曼亲切地接待了他。勃拉姆斯为舒曼夫妇演奏了自己的几首作品，舒曼激动地对爱妻说："亲爱的，这样的音乐我们从来没有听过。"舒曼的妻子克拉拉也非常激动。舒曼从勃拉姆斯身上，看到年轻时的自己，于是欣然命笔，热情地介绍勃拉姆斯。文中说："他叫约翰内斯·

"指挥之王"卡拉扬版《德意志安魂曲》。

勃拉姆斯，来自汉堡，一向在那里默默无闻地埋头工作。他的一切都告诉我们，他是一个出类拔萃的人物。他的谦逊就是他成功的保证。在这里，他也许会遇到创伤和挫折，但是他也会得到成功和荣誉。让我们竭诚欢迎这位英勇豪迈的战士吧！"

与舒曼夫妇的相识，于勃拉姆斯日后毕生的事业与生活都有着重大的影响。

几个月后，传来了舒曼因病跳河，被人救起后住进疯人院的消息，勃拉姆斯连忙来到舒曼的病榻前，同克拉拉一起陪伴着舒曼，直到舒曼离开人间。

怀着对舒曼的无限思念之情，经过十几年的酝酿，勃拉姆斯于1868年完成了巨作《德意志安魂曲》。初演时，克拉拉和约阿希姆夫妇都在座。这部作品引起了整个维也纳的轰动。人们称它是"自巴赫、贝多芬以来，首屈一指的宗教音乐作品。"

1876年11月，勃拉姆斯又因《第一交响曲》获得了巨大的成功。这首交响曲是他用十五年时间断断续续写成的。人们称赞这首交响曲可以被誉为贝多芬的第十交响曲，认为这部作品显示了勃拉姆斯与贝多芬在精神上的密切联系。就连十年多来无心理睬勃拉姆斯，一直醉心于瓦格纳作品的著名指挥家毕罗，这时也变成了勃拉姆斯的拥戴者，音乐历史中

"三B"的说法,就是他率先提出的。

1880年,布雷斯劳大学赠予勃拉姆斯名誉博士学位,为此,勃拉姆斯特地写了《学院节日序曲》,以示答谢。

1885年5月20日,克拉拉夫人病故,勃拉姆斯闻讯立刻赶去参加葬礼。勃拉姆斯暗恋克拉拉已久,并因此终生独居。如今他失去了一位亲密的挚友,至为悲痛。

勃拉姆斯的晚年生活非常平静。虽然世人为他和瓦格纳的高低优劣吵翻了天,但勃拉姆斯本人却熟视无睹,全然置之度外。据罗马尼亚著名音乐家埃内斯库回忆说,他曾于1892年与晚年中的勃拉姆斯邂逅相遇。当时,11岁的埃内斯库正在维也纳音乐学院的大厅走廊中独自练习小提琴,迎面走来了大胡子前辈勃拉姆斯。埃内斯库不禁手忙脚乱,慌作一团。勃拉姆斯停下来,劝他别紧张,接着练习。渐渐地,埃内斯库全身心投入到音乐中,松弛自如,已忘却身边的老人。一曲终了,勃拉姆斯大为赞赏,鼓励他再接再励,定会成功。埃内斯库在自己晚年时说,在他一生中曾多次遇到种种困难,但一想到勃拉姆斯当年的鼓励,便立即精神振作,充满信心。

1896年,勃拉姆斯的健康状况突然恶化。1897年4月3日夜,这位可敬的老人病逝于维也纳家中。

在勃拉姆斯的一生中,或许难得看到动人心魄的惊涛骇浪，但他毕生勤勤恳恳、踏踏实实、尽心尽职地忠于自己热爱的事业，并因自己诚实而出色的劳动，在世界音乐发展的历史中占有着突出而光辉的地位。

"旋律之王"柴科夫斯基

(1840～1893)

在人生的十字路口上，
做出大胆而准确的选择，
决定了柴科夫斯基一生艰难坎坷的命运。

彼得·柴科夫斯基（Pyotr Tchaikovsky）于1840年5月7日生在俄国维亚特卡省边境的沃钦斯克矿区小镇。父亲是矿上的总督察，母亲是法国人，喜欢音乐。父亲有一只能自动奏出莫扎特歌剧音乐的表，使柴科夫斯基对音乐产生了兴趣，并从6岁开始学习钢琴。

10岁时，柴科夫斯基从父母的安排去学法律，整整用了10年的时间。这期间，他更没有中断音乐学习。

1859年法律学校毕业后，柴科夫斯基在司法部任书记员。他常常去观赏歌剧、音乐会，仍然是尤其喜爱莫扎特的作品，同时，他偶尔也试着写些音乐。柴科夫斯基越来越无心从事他的法律工作，索性于1863年考入新建的彼德堡音乐学院。

入校后，柴科夫斯基师从院长、著名作曲家安东·鲁宾斯坦。1865年，他以优异成绩毕业，作品清唱剧《快乐颂》获得了银奖。其时，院长鲁宾斯坦的弟弟尼古拉·鲁宾斯坦正筹建莫斯科音乐学院，柴科夫斯基于是应聘前往执教。嗣后，他边教学，边创作，任教13年中，写出了包括舞剧《天鹅湖》《降b小调第一钢琴协奏曲》在内的大量重要作品。

柴科夫斯基非常热爱自己民族的深厚音乐传统。1869年中的一天，他正在乡间写作，忽然听到一阵歌声。旋律沉郁委婉，令柴科夫斯基不胜神往。临窗一看，才知道是一位泥水工正在工作中唱歌自得其乐。第二天，他向这位工人记下了这首民歌，后来，把它用在了《第一弦乐四重奏》的第二乐章《如歌的行板》中。几年之后，伟大的俄罗斯作家托尔斯泰听到这首乐曲时，激动得泪流满面，泣不成声，他说："我已经接触到忍受苦难的人民的灵魂深处了。"

1875年，柴科夫斯基应约为一家杂志每月写一首与该月分有关的钢琴曲，他每月按时完成，一共写了12首，后来以《四季》的名称合集出版。其中《六月·船歌》《十月·秋之弦》和《十一月·在雪橇上》尤为驰名，已成为脍炙人口的小品佳作。

柴科夫斯基在这段时间内还曾尝试担任指挥，不想自己的素质与指挥相去甚远，一上台，"就有人头落地的感觉"。他甚至用左手支住下腭，以免人头当真下落，但仍然头晕目眩，心慌意乱，只好恨恨作罢。

1876年，柴科夫斯基结识了富孀梅克夫人。梅克夫人长柴科夫斯基9岁，她十分喜爱这位作曲家的音乐。为了使柴科夫斯基解除谋生的辛苦全力投入创作，她答应对柴科夫斯基

《天鹅湖》剧照之《四小天鹅舞曲》。

1998年版《我的音乐生活——柴科夫斯基与梅克夫人通信集》,C.波纹、B.冯·梅克编,陈原译,生活·读书·新知三联书店出版。

提供资助，条件是两个人永远不能见面。于是，柴科夫斯基辞去了莫斯科音乐学院的教席，全身心地致力于创作之中。

柴科夫斯基与梅克夫人交往14年。在这期间，他们恪守诺言，从未会过面。他们的深厚情谊，全都靠鱼雁往来反映在大量的信件中。柴科夫斯基的《第四交响曲》，被他们在信中称为"我们的交响曲"。这部作品，曾是他们信中的主要话题。

1877年5月13日，柴科夫斯基写信给梅克夫人："我正忙于写《第四交响曲》，我想把它献给你，因为我知道你想在它里面找到你内心的感情和思想的回声。"梅克夫人第二天回信说："你说要把你的交响曲题献给我，说实在的，只有你才有这种权利。"

事隔20多天后，梅克夫人又在信中说她从来没有接受过别人题献，这是一次意外。她接着说："你愿意把我看作你的朋友吗？如果你回答一个'是'字，我会非常高兴。你可以把你的交响曲，题献给一个'朋友'，不必写明姓名。"

柴科夫斯基作了肯定的回答，接受了梅克夫人的题词要求。梅克夫人答谢说："我诚恳地感谢你的美意，你的交响曲，将永远是我生命中的光辉。"

1878年12月《第四交响曲》演出大获成功。梅克夫人又接到柴科夫斯基的信："当我开始写这部交响曲时，我们还相识不久,但我清晰地记得,我是在为你写下每一个音符。凭我的直觉,我知道,没有谁能像你一样,对我的音乐会激起如此深刻的共鸣。我知道,你和我在精神上靠得很近。对于这一部作品所表现的境界,我知道,你比世界上的任何人都了解得清楚。"

尽管从信中可以看出,柴科夫斯基一直小心翼翼地维持着和梅克夫人的关系,但在1890年,这种关系还是不幸中断了。梅克夫人以经济状况不佳为由,停止了对柴科夫斯基的资助。这件事对柴科夫斯基来说不啻是一个致命的打击,不仅在经济上,尤其在精神上。

经过长期酝酿,柴科夫斯基于1893年动手写作《第六交响曲》。在这部作品中,他倾注了自己的全部心血,构思时,常不免激动难抑涕泪滂沱。在所有作品中,柴科夫斯基最为这部交响曲感到自豪。

毫无疑问,《第六(悲怆)交响曲》的确是一部非常成功的作品。它以极其细腻的心理刻画手法,深刻而生动地描绘出19世纪俄罗斯知识分子在令人窒息的政治环境中,对自由理想的渴求和痛苦不安的复杂心态,成为世纪末一代人精神面貌的真实写照,受到全世界听众的衷心热爱。

这部交响曲首演后的第四天,柴科夫斯基不幸身染霍乱,不久便与世长辞了,时1893年11月6日。

20多年前的选择，或许使沙皇政府缺少了一名厌恶其职业的司法官，但全人类却因此而得到了一位值得永远崇敬的作曲家，一批永不褪色的优秀音乐作品。

"高举爱国主义大旗"的德沃夏克

(1841～1904)

爱国主义,
对有的人来说,
可能只是冠冕堂皇的口号,
但是对身处被奴役国家的德沃夏克来说,
却是一面鲜明而真实的旗帜。

安东尼·德沃夏克（Antonin Dvoak）1841年9月8日生于捷克布拉格以北30公里的小村庄涅拉霍士夫斯。德沃夏克从小就十分喜爱故乡的民歌，他努力学习唱歌和小提琴，对音乐有着浓厚的兴趣。

德沃夏克的父亲是一个穷苦的屠夫。按照当时的习惯，身为长子的德沃夏克要继承父亲的职业。于是他在12岁的时候，被送往附近的小城学徒。

德沃夏克对这份职业毫无兴趣，他唯一想做的事就是练习小提琴。每当琴声响起，便勾起了他无穷的想象。一位风琴师发现了德沃夏克的才华，就教他演奏风琴、钢琴以及音乐理论。德沃夏克天资聪慧，用功好学，进步很快。老师找到德沃夏克的父母，建议他们让儿子去学音乐。虽然穷苦但却明智的父母欣然同意。德沃夏克遂于16岁那年考入布拉格风琴学校。

父母亲虽然爱心备至，却财力有限。为了挣得足够的学费，德沃夏克半工半读，在教堂与各种乐队里演奏小提琴，替人抄谱,教音乐课,在忙碌的工作中也增长了才干。

当时,著名的捷克作曲家斯美塔那正在捷克国民剧场担任乐队指挥,他非常器重德沃夏克。德沃夏克毕业后,斯美塔那便请他在自己的乐队里演奏提琴,并提供了许多乐谱,供他学习。德沃夏克在这座剧院里工作了10年,也默默地钻研了10年。10年的辛苦为他日后的成就奠定了坚实牢靠的基础。

当时,捷克正处在奥地利的统治之下。占领者为了巩固、延长自己的统治,钳制捷克民族文化的发展,企图用德奥文化对捷克人民实行思想统治上的殖民化。以斯美塔那为代表的一大批捷克艺术家针锋相对地举起了发展捷克民族文化的旗帜,创作出了一大批具有爱国主义思想和民族文化特征的音乐作品。1872年,在斯美塔那的影响下,德沃夏克根据捷克诗人的同名叙事诗谱写成了赞美诗《白山的子孙》。作品反映了17世纪捷克人民反抗哈布斯堡王朝的英勇斗争,表达了作曲家对祖国的深切热爱。这部作品唱出了当时人民的心声,很快便风行于全国各地。

翌年,德沃夏克结婚后,辞去了乐队提琴师的职务,专心创作。他的妻子为他创造了安宁、舒适的写作环境。但是他们遇到了新的麻烦:婚后的生活越来越穷困。虽然他有不少作品在音乐会上受到好评,但是,没有机会出版,没有收

1892年,贝尔第一次远距离(从芝加哥到纽约)通话成功。

入。为谋生计，他只好又像求学时那样，去教音乐课，去教堂弹琴。就这样，他仍然有连面包钱都拿不出的时候。无奈之中，1874年，他硬着头皮向奥地利一个专门资助穷困而有天才的音乐家的组织提出申请，并按照要求送去了自己的作品。从第二年起，他连续五年获得了这个组织提供的奖金。

1877年，这个组织的评委之一、著名德国作曲家勃拉姆斯在评审中惊喜地注意到这位才华横溢的青年。他立刻提笔给朋友、出版家希姆洛克写信，请求出版德沃夏克的作品。信中写道："像您这样的出版家一定会对这些作品感兴趣。任何您想得到的歌剧、交响曲、重奏曲、钢琴曲等等，他都能写得出来。他是一个天才，这毫无疑问，但也是一个穷人。所以，我请求您特别予以关照。"

勃拉姆斯的真诚帮助，为德沃夏克打开了走向世界的大门，同时，也开始了这两位作曲家之间的长期友谊。勃拉姆斯不仅帮助德沃夏克提高作曲技术，当德沃夏克的作品排印时，他还用整天的时间亲自为德沃夏克校对。他们志同道合，切磋磨砺，互相关心，共同分享彼此的成功。为了表示自己的感戴之情，德沃夏克将《d小调弦乐四重奏》献给勃拉姆斯，并将勃拉姆斯的五首《匈牙利舞曲》成功地改编为管弦乐曲后献给勃拉姆斯。他们不仅因这一深厚的友谊彼此获益，同时也为世人树立了提掖后进、尊敬前辈的一代典范。

逐渐，德沃夏克的作品不但在捷克人人尽知，国外听众也时有所闻。英国听众对他的音乐尤其表现出极大的热情。他先后九次出访英国，每次都受到热烈欢迎。他的清唱剧《幽灵的新娘》曾在伯明翰上演，他自己曾生动地描绘了当时的情景："当女高音阿尔巴尼唱完第一首咏叹调后，听众像触了电似的，立刻就是一阵热烈的掌声，并且越来越热烈，直到曲终。乐队、合唱队和听众的欢呼声响成一片。他们不断地大声喝彩、叫我的名字。这人声鼎沸的场面真使我惊呆了。"

1890年，布拉格卡洛尔大学赠予德沃夏克荣誉哲学博士学位。他同时受聘为布拉格音乐学院教授。德沃夏克声誉日增，但其爱国之心却丝毫未减。

有一次，老朋友希姆洛克在德沃夏克的《d小调交响曲》付印时，觉得不用捷克文更好，但德沃夏克坚持不改。出版商不同意，争论中不免出言不逊。德沃夏克非常珍惜和希姆洛克的友谊，但更珍惜祖国的尊严。他激动地对希姆洛克说："我只想告诉你一件事，每个艺术家都有自己的祖国，谁都热爱自己的祖国，忠实于自己的祖国。"由此，几年中德沃夏克和希姆洛克断绝了来往。最后，还是出版商出面道歉，大家才重归于好。

1892年，德沃夏克接到美国纽约国家音乐学院创办人琴妮·瑟勃夫人的邀请，出任该院院长，同时教授作曲、配器，并担任学校交响乐队的指挥。

其时，纽约是一个新兴的工业城市，与古老的欧洲大陆自有不同，美国的许多新鲜事物都给德沃夏克留下了极其强烈而深刻的印象。他在美国有一些黑人学生，在这些学生的帮助下，德沃夏克对美国的黑人音乐、进而对印第安民间音乐都渐渐有了了解。

1893年，在美国诗人朗费罗描写印第安人的长诗《海华沙之歌》的影响下，德沃夏克写出不朽之作《e小调第九交响曲》。曲中始终贯穿着对祖国捷克的思念，同时也抒发了他来到美国之后的深刻感受。这部作品本无标题，准备演出之际，琴妮·瑟勃夫人建议署题"新大陆"，德沃夏克欣然从命。它的首演立刻在美国引起巨大的轰动。起初，美国的报纸把它称为"美国的交响乐"，但德沃夏克深不以为然。他说："我没有使用过任何一条黑人或者印第安人的旋律。我只是在自己的主题中体现了印第安音乐的特色，只是用现代的节奏、和声，对位和乐队音色等各种手法发展了这些特色。"

1895年，德沃夏克从美国返回捷克。第二年，写出了他的代表作之一歌剧《水仙女》。1901年，他被任命为布拉格音乐学院院长。两年后，当他完成了最后一部歌剧《阿尔密达》时，生了一场大病。1904年5月1日进午餐时，他突然中风，几分钟后不幸逝世。

高举爱国主义的大旗，从被奴役的国家中杀出一条生路，为祖国争得世界性的荣誉，这是德沃夏克一生的理想，他成功了。他的祖国人民永远记得他，全世界人民也都永远记得这位为爱国主义理想勇敢奋斗了一生的捷克作曲家。

"一颗光焰夺目的明星"格里格

(1843 ～ 1907)

19 世纪后半叶,
欧洲各民族音乐文化勃发兴盛。
在似乎沉寂的北欧,
升起了作曲家格里格这样一颗光焰夺目的明星。

爱德华·格里格（Edvard Grieg）于1843年6月15日诞生在挪威的卑尔根。祖上是苏格兰人。父亲经商，并兼代英国驻卑尔根的领事。母亲是挪威人，还是一位音乐修养很高的钢琴家。格里格小时候，家里每周举行一次音乐爱好者们的音乐会，于是他渐渐地爱上了音乐。6岁时，他开始随母亲学习钢琴。母亲特别喜欢莫扎特以及意大利歌剧作曲家威尔第的音乐，格里格也就从小耳濡目染与这些作品相从为伍，结成了亲密的伙伴。12岁，他开始学习作曲后，更是情痴神迷。一次学校的作文课上，他竟将一首变奏曲交给了老师。

格里格父母的朋友中，有一位著名的小提琴演奏家布尔，他是挪威民族乐派的创始人之一，并曾创建了挪威第一座国立歌剧院。1858年，布尔旅行演出归国后，特地来看望老朋友一家。格里格为布尔演奏了自己写的《德国主题变奏曲》，布尔大为赞赏。于是，他建议格里格的父母送孩子去德国的莱比锡音乐学院学习。于是，15岁的格里格告别了父母和家乡，独自来到莱比锡，开始了四年的音乐学院学生生活。

毕业回国不久，格里格结识了比他年长一岁的年轻挪威作曲家诺尔德拉克。他们一见如故，亲如手足。诺尔德拉克向格里格介绍了自己为挪威进步诗人比昂森的诗歌谱写的一首歌曲。这首歌曲写在挪威民族独立运动高涨的年代中，深受人们喜爱，后来定成了挪威的《国歌》。诺尔德拉克激动地说："我们是挪威人，我们不能玷污我们的荣誉。我们必须忠实于自己民族的音乐。"格里格深受感染，他决心和朋友携手并进，为发展挪威音乐献身。为了表示对朋友的感谢，格里格创作了一首《幽默曲》献给诺尔德拉克。三年后，诺尔德拉克去世，格里格在无限的悲痛之中为老朋友写了一首《葬礼》，并亲自登台演奏。

1866年，格里格在首都奥斯陆举行了作品音乐会，引起了轰动。第二年，他被任命为奥斯陆爱乐协会指挥。好景不长，当这位年轻作曲家刚被人们了解时，挪威的民族独立运动不幸受到了挫折，政治环境十分恶劣。格里格一时成为反动文人攻击的众矢之的，生计也受到影响，他的情绪十分低落。

1869年初，格里格收到一封寄自罗马的意外来信。信中写道：

格里格先生：

你的奏鸣曲真使我惊喜。

这首优美的乐曲是你作曲天才的证明。我祝贺你在祖国

2013年6月,《培尔·金特》登陆国家大剧院,郭秋成倾力演出。

所取得的成就，相信你一定能继续发挥才华。如果你能来德奥，则请到魏玛来小住。我很希望同你认识。

署名赫赫然是"李斯特"。

一代大师的来信，为格里格带来了信心和希望。这年秋天，格里格赶到了罗马。李斯特热情地接待了他，并且表示对他的作品非常喜爱。李斯特为格里格举行了作品音乐会，并且亲自视奏了格里格刚刚完成的新作《a小调钢琴协奏曲》的手稿。音乐会大获成功，格里格由此开始走向了世界。

回到奥斯陆之后，格里格发起组织了旨在促进挪威民族音乐发展的音乐协会。1874年，他获得了挪威政府的资助，从此他终于能全心全意地投入创作了。

1876年，他完成了为挪威著名戏剧家易卜生名作《培尔·金特》的配乐，上演后，获得了巨大的成功。

格里格的作品不但在挪威国内赢得了盛誉，而且很快就流传于欧洲各地。1888年，格里格应邀出国旅行，遍游欧洲各国，所到之处无不受到热烈欢迎。伦敦的报纸曾就他的一场音乐会的盛况做过如下报导："音乐会预定在晚上举行，可是，格里格的音乐迷们从早上8点就已来到音乐厅门前等候了。"

格里格的音乐尤其引起了俄罗斯音乐界的重视，柴科夫斯基热情地赞扬说："格里格的音乐渗透着迷人的忧郁，反映出了挪威大自然中的美。它忽而宏伟宽广，忽而平实可亲，对于北方人来说，永远无比地诱人。其中还有一种令我们感到亲近的、很快就能在我们心中引起热烈同情和强烈共鸣的东西。"

回到挪威后，格里格的身体日渐衰弱。年轻时，由于在校过分用功，他曾患肺病，并实行手术切除了一只肺叶。顽症一直伴随他多年，这时更为严重。他一面休养，一面创作，写下了最后两部作品：《挪威农民舞曲》和《挪威舞曲》。

63岁时，他在英国多次邀请之后，不顾身体虚弱，决定再次出访。正当他准备出发时，病势突然恶化，终于未能成行。1902年9月5日，格里格离开了人间。

挪威政府为了表彰他生前对挪威民族音乐发展所做出的杰出贡献，决定为他举行国葬。9月9日，挪威卑尔根城格外肃穆，街道两旁站满了心怀悲痛前来送葬的人群。他的灵柩乘着马车，经由一条条街道，穿过一个个村庄，来到一座大山前，安放在背靠大山，面对大海的天然洞口里。

格里格，这位挪威民族的优秀子孙，将永远跟亲爱祖国的山山水水同在一起了。

"强力集团"
成员之里姆斯基-科萨科夫

(1844～1908)

谁能想到,
一位作曲家在完成了许多出色作品,
成为音乐学院教授之后,
又重新开始认真学习作曲理论,
然而,
里姆斯基-科萨科夫就是这样走过来的。

尼古拉·里姆斯基-科萨科夫（Nikolay Rimsky-Korsakov）于1844年3月18日生在俄国季赫文的一个贵族家庭。父辈大都是军官。母亲会弹钢琴。受母亲影响，里姆斯基-科萨科夫从小酷爱音乐，并受到一些基础训练。

12岁时，里姆斯基-科萨科夫进彼德堡的海军学校学习。这期间，他得到了更多接触音乐的机会。课余，他坚持学习钢琴，并且常常去观赏歌剧和音乐会。当时，他最熟悉最喜爱的作品就是俄国著名作曲家格林卡的歌剧《献给皇帝的生命》。格林卡作品中强烈的民族特征给他留下了深刻的印象。

里姆斯基-科萨科夫专心学习音乐，发生在他认识巴拉基列夫之后。巴拉基列夫是俄国著名的作曲家，他高举弘扬俄罗斯民族音乐的旗帜，团结了一群志同道合的青年音乐家，除了里姆斯基-科萨科夫，其中还有穆索尔斯基、居伊、鲍罗丁，被人称作"强力集团"。里姆斯基-科萨科夫加入到"强力集团"以后，得到了其他成员的大力帮助。他在巴拉基列夫指导下学习作曲，分析格林卡的作品，还研读了法国作曲家柏辽兹的《管弦乐法》。

1862年，里姆斯基－科萨科夫从海军学校毕业后，以预备士官身份参加了快速大帆船"阿尔玛兹"号长达三年的远洋航行，访问了很多国家。辽阔浩瀚的大海，使他终身难忘。不难想象，他所以日后在作品中对大海有非常出色的描绘，在很大程度上得益于年轻时的海上生活。

航行中，他坚持创作，回国后，已经完成了《降e小调第一交响曲》。其时，巴拉基列夫为推行音乐教育，在彼德堡创建了一所免费音乐学校。里姆斯基－科萨科夫的《第一交响曲》就是在这里首先面世的，并一举获得成功。两年后，他的另一部管弦乐作品《塞尔维亚主题幻想曲》，由巴拉基列夫指挥在彼德堡演出，同样大受欢迎，这次演出标志着"强力集团"正式诞生。

1866年，里姆斯基－科萨科夫结识了格林卡事业的直接继承人、著名作曲家达尔戈梅斯基。他常常出入于达尔戈梅斯基家中，向前辈讨教，与前辈作曲家讨论俄国音乐的出路。1867年冬，柏辽兹来俄国访问，里姆斯基－科萨科夫大喜过望。不想这时柏辽兹年事已高，几场音乐会后，便起程回国了。里姆斯基－科萨科夫拜见柏辽兹的愿望未能实现，但他出席了柏辽兹亲自指挥的音乐会，也受益至深。第二年，在巴拉基列夫和穆索尔斯基的帮助下，里姆斯基－科萨科夫根

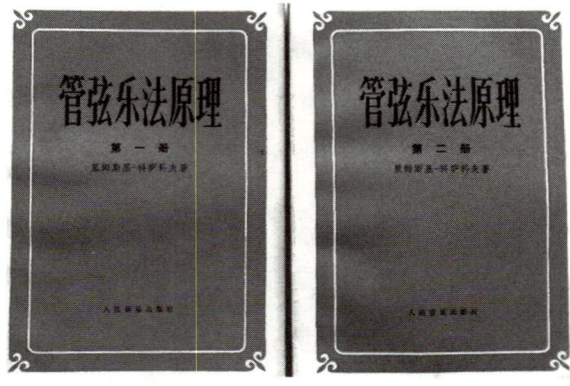

里姆斯基－科萨科夫所著的《管弦乐法原理》于1981年5月在人民音乐出版社出版。

据阿拉伯故事创作了第二部交响曲《安塔尔》。

1871年，海军中尉里姆斯基－科萨科夫被彼德堡音乐学院聘为教授。当时，虽然他已写有不少作品，且有一些影响，但从未系统学过作曲技术，对所要教授的内容只有模糊的概念。如今为人师范，他深感力不从心，惶恐不安，于是，私下里抓紧自学，认真钻研柴科夫斯基的《和声学》和凯鲁比尼的《对位法》，以补不足。奋发努力，终有所得，日后他出版了自己的和声学著作。在"强力集团"中，里姆斯基－科萨科夫一枝独秀，只有他不满足于一知半解，全面深入地研究过作曲理论。

1871年的秋天，家人去国外疗养，里姆斯基－科萨科夫留在国内住在穆索尔斯基家中。当时，穆索尔斯基正在创作他的歌剧《鲍利斯·戈都诺夫》。里姆斯基－科萨科夫则与他为伴，着手创作自己的第一部歌剧《普斯科夫女郎》。两部著名的俄罗斯歌剧，就这样出之于同一个时间，同一套房间。

第二年，里姆斯基－科萨科夫与一位女钢琴家结为伉俪。蜜月中，他们一起阅读果戈理的名作《五月之夜》，新娘建议丈夫以此书为题材写部歌剧，六年之后，终于完成。

1873年，里姆斯基－科萨科夫被任命为海军军乐队督察。他利用这个机会，对各种乐器做了细致研究，为日后的传世名著《管弦乐法原理》做了充分准备，并完成了《长号协奏曲》

和《竖笛小协奏曲》。

在此期间,里姆斯基-科萨科夫还担任着巴拉基列夫的免费音乐学校校长,组织学生演奏了许多国外的优秀曲目,包括当时欧洲很难听到的巴赫、亨德尔的作品。他一边勤奋工作,一边深入研究学习俄罗斯民歌,并且修订出版了格林卡编配的《俄罗斯民歌百首》。

1881年,挚友穆索尔斯基去世。里姆斯基-科萨科夫耗费了两年的心血,将穆索尔斯基的作品修订出版。虽然他为老朋友做出了很大贡献,但是,后来人们觉得还是穆索尔斯基最初的原作更富有创新价值。

1887年,里姆斯基-科萨科夫完成了《西班牙随想曲》、交响组曲《舍赫拉查德》和歌剧《萨德阔》。这时,他准备辞去公职,专心从事创作,不幸另一位朋友鲍罗丁也去世了。鲍罗丁是著名的化学家,又是"强力集团"成员,他留下了许多出色的音乐作品。里姆斯基-科萨科夫和他的学生格拉祖诺夫又着手修订了鲍罗丁的遗作。

1905年的俄国革命风暴波及了彼德堡音乐学院。学生们纷纷举行集会,抗议当局,支持革命。校方出面干涉,并敦请政府派来军警镇压学生,扬言要严惩带头闹事者。里姆斯基-科萨科夫为了维护学生们的自由权利,仗义执言,挺身而出,与校方当局据理抗争。校方大为恼怒,以隐居幕后煽动学潮的罪名，革除了里姆斯基－科萨科夫的职务。警方同时发出命令，禁止上演他的作品。当局的倒行逆施，引起了轩然大波，格拉祖诺夫、里亚多夫等一大批音乐学院同仁也愤然提出辞呈。同情支持里姆斯基－科萨科夫，谴责政府卑劣行径的呼声，来自全国各个角落，国外一些文化名人也纷纷表态抗议沙俄政府。1905年12月4日，里姆斯基－科萨科夫冒着被捕的危险，亲自主持了一场作品音乐会，帝国歌剧院最优秀的演员都踊跃前来参加，全部演出收入都捐给了贫困的工人家庭。四面楚歌之中，政府被迫收回成命。次年秋天，里姆斯基－科萨科夫等回到了音乐学院。年高望重的作曲家对自己能置身于人民群众的斗争中，深感自豪，他将这一年称为"伟大的一年"。

他的最后一部歌剧《金鸡》遭到沙俄政府禁演。直到里姆斯基－科萨科夫1908年6月21日于柳宾斯克逝世之后，这部歌剧才被允许搬上舞台。

里姆斯基－科萨科夫不为一时成功的虚名所迷惑，毕生脚踏实地勤恳努力，他的作品深受人们喜爱，他的正义感和务实精神也赢得了举世敬仰。

"印象派音乐的奠基人"德彪西

（1862～1918）

20世纪的音乐舞台，
是由法国作曲家德彪西拉开帷幕的。

克洛德·阿希尔·德彪西（Claude Achille Debussy）于1862年8月22日生在巴黎近郊。父亲是店员，还参加过巴黎公社武装起义。父母都与音乐无缘，他们更希望儿子长大以后能够成为海军军官。

德彪西7岁时，显示出对音乐的浓厚兴趣，深得钢琴家弗勒维尔夫人喜爱。弗勒维尔夫人免费教他学习钢琴，直到德彪西11岁考入巴黎音乐学院后，还为他负担了大部分学费。

在音乐学院上学时，德彪西虽然刻苦用功，许多功课都不错，还得过奖，但他自己却深不满足。他觉得音乐学院的教学过分保守拘古，与他内心的创新要求相去甚远。

1879年，德彪西经由老师介绍，认识了梅克夫人。梅克夫人从小喜欢音乐，文化素养很高。丈夫死后，留下一大笔积蓄，她深居简出，除了独自坐在包厢中听音乐会外，什么地方也不去。她虽然非常富有，但却感到寂寞孤独，音乐成了她生命中不可缺少的寄托。她常常邀请一些音乐家来家作客、演奏，并常常帮助贫困的音乐家。她与柴科夫斯基的情谊已成为传世美谈。

1880与1881年间的暑假中,德彪西应梅克夫人邀请在她家的三重奏团中演奏钢琴,同时担任她孩子们的音乐教师。旅居俄国使德彪西有机会接触到了一大批格调新颖的俄罗斯作品,穆索尔斯基的大胆探索尤其令他折服。他在俄罗斯作曲家们的心目中也留下了很好的印象。柴科夫斯基在给梅克夫的人信中说:"德彪西的面容和他的手,使人想起少年时代的'钢琴之王'——安东·鲁宾斯坦。愿上帝赐福于他,使他能够像钢琴之王那样,一生幸运。"

1884年,德彪西因合唱《浪子》获得罗马大奖。按照规定,获此奖者将由政府派送意大利学习4年。

第二年,德彪西入学罗马的法兰西学院。居此期间,他完成了早期的两部重要作品:清唱剧《中选的小姐》和管弦乐《春》。这两部作品已清晰地显示出德彪西的创新意向,于是引起校方的反感。从此,校方拒绝上演他的作品。

19世纪末的法国,正处于各种思潮纷纷涌现的时期。在巴黎文学艺术界最盛行的是文学上的象征主义和绘画上的印象主义。所谓象征主义是由当时法国诗人马拉美等倡导发展起来的。他们不主张在创作中直接表达感情,更不屑于描写客观现实;他们过分重视语言的形式美,把大量注意力都集中在语言本身的音韵起伏上,甚至不惜牺牲语言概念上的清

曾资助过柴科夫斯基、德彪西等音乐家的梅克夫人。

晰。他们的诗作让人读来铿锵有力，朗朗上口，但又往往不知所云。印象主义，是当时一个画派的名称。在一批青年画家1874年举行的一次画展中，有一幅题为《日出印象》的作品，这个流派因以得名。印象主义者的画强调物体在一瞬间给人的视觉印象以及在这一瞬间物体周围的色彩光线变化。他们在作品中，用多变的线条和模糊的色调取代了传统绘画中所要求的清晰的轮廓和明确的色彩关系。

1885年以后，德彪西认识了象征派诗人马拉美。马拉美家中常常聚集着许多年轻的艺术家，尤其是诗人和画家。他们每星期二都在一起热烈地探讨艺术问题，思想非常活跃。德彪西乐此不疲，每会必到。

1889年，在巴黎举行的国际博览会上，德彪西接触到了亚洲地区的东方民间音乐。这些音乐不曾受过西方音乐的影响，它们有着完全不同的文化背景，出自完全不同的文化土壤。德彪西十分喜爱这些来自远方异国的音乐文化，从中受到十分深刻的启发。

在印象主义思潮的推动下，在东方音乐的影响下，他渐渐在作品中更强调音响在一瞬间给人的听觉印象，强调各个个别音响之间的相互对比和不断变化，并且在相当程度上模糊了在传统音乐中占突出地位的旋律轮廓线和明确的音响连接逻辑。

1892年，30岁的德彪西根据马拉美的同名诗作开始创作一部管弦乐前奏曲：《牧神午后》。马拉美诗作的大意，是描述西方传说中的牧神在半醒半睡的昏昏然之中所出现的朦胧的幻觉。马拉美认为自己这首诗可以配上音乐。1894年，《牧神午后》在巴黎首演，马拉美也亲临助阵。在这首乐曲中，德彪西以其细腻的手法准确地烘托出了原诗的意境。长笛奏出模拟牧神芦笛的懒洋洋的曲调，富有空灵感的竖琴伴奏，略显忧郁的和声，都与马拉美的诗意紧相吻合，如出一辙。

1901年，德彪西又推出了另一部管弦乐曲《夜曲三首》，它包括《云》《市场》和《水妖》三个乐章。在第三个乐章里，德彪西还使用了女声的无词合唱，来模拟传说中水妖的迷人歌声。

1892年，德彪西开始写作歌剧《佩利亚斯与梅丽桑德》。1902年4月30日，该剧在阿米克剧院首次公演，大获成功。有趣的是，偏偏倒是只有剧本作者深为不满，说"简直是一败涂地"。这部歌剧使德彪西声名大噪。从此，德彪西全身心地投入到了创作中，许多优秀作品大都出于此时。

1904年，德彪西为女儿创作了钢琴曲《儿童乐园》。《儿童乐园》于1908年在巴黎首演。演出时，德彪西一直担心听众不能接受他的作品，坐在剧场中心里一直不得安宁。没想到这部作品受到了空前的欢迎，赢得了轰如雷动的热烈掌声。

尤其值得提到的是德彪西的交响素描《大海》。

德彪西从少年时代起就非常喜欢大海，中年时，他每年夏天必赴海滨避暑。大海给他留下了深刻的印象，也为他带来了丰富的灵感。交响素描《大海》由三个乐章组成：《海上的黎明到中午》《波涛的嬉戏》和《风与海的对话》。1905年首演时，反应平平。1908年由德彪西亲自指挥再度上演时，却赢得了高度的赞誉。

钢琴曲在德彪西的作品中占有更为突出的地位，他的《版画集》《意象集》等都已成为钢琴家们在音乐会上的保留曲目。他的歌曲如《泪注我心》《木马》等对于法国浪漫曲的发展，也有着巨大的推动作用，只是后期一些佳作，演唱困难，所以难得有闻。

事实上，在德彪西锐意革新的动机中，深起作用的还有他强烈的民族主义情绪，以及由此而发的对笼罩着欧洲的德奥音乐文化的仇视。他当然不是一个妄自尊大而狭隘的沙文主义者，但他为强调自己音乐的法国特点，索性在谱中一律摈弃国际通用的外国术语，全都写的是法文。

德彪西以一系列优美精细、音响丰富的所谓"印象主义"音乐，为音乐中的浪漫主义画了一个句号，同时又开启了20世纪这个崭新时代的大门。

1918年3月，正当第一次世界大战争战犹酣之际，苦于癌症的德彪西离开了这个喧闹争吵的世界。

德彪西是印象派音乐的奠基人,更重要的是,他将后来的20世纪作曲家们引入到了一个几乎是全新的音乐天地。

"一言难尽"的理查德·斯特劳斯

(1864～1949)

斯特劳斯是一位伟大的作曲家、指挥家,
但在严肃无情的政治生活中却失足而成千古憾恨。
他那漫长而曲折的一生中的功过是非,
真是令人感慨,一言难尽。

理查德·斯特劳斯（Richard Strauss）1864年6月11日出生在德国慕尼黑。父亲在慕尼黑宫廷管弦乐队担任首席圆号，是一位很有造诣的演奏家。斯特劳斯4岁开始学习钢琴，6岁开始学小提琴，11岁起，跟随宫廷乐队的助理指挥梅耶尔学习作曲。他父亲的艺术趣味十分保守，只承认莫扎特、贝多芬等古典大师，对瓦格纳的作品非常反感，也不让孩子欣赏19世纪后半叶的音乐作品。这样，斯特劳斯幼年时接受的音乐教育不免有所偏废。

1874年，斯特劳斯上了中学。这时，他有机会观看了歌剧《汤豪赛》《齐格弗里德》和《罗恩格林》，并深深地为瓦格纳这些作品所吸引。于是，他不顾父亲的反对，如饥似渴地投身于瓦格纳作品的学习中。

1882年，斯特劳斯进入慕尼黑大学攻读哲学、美学和艺术史。大学期间，他写了《d小调交响曲》《d小调小提琴协奏曲》等作品，分别在维也纳、德累斯顿上演，都取得了成功。

1884年，他首次访问柏林，结识了著名指挥家毕罗。毕罗对他的作品很感兴趣，称他为"迄今为止，勃拉姆斯之后最有个性的作曲家"，并且收斯特劳斯随自己学习指挥。

1894年，斯特劳斯与女高音歌唱家阿娜成婚。作为新婚礼物，他创作了四首艺术歌曲：《早晨》《开西丽》《安静吧，我的灵魂》和《秘密的要求》。如今这些歌曲都已成为传世名作。

1889年以后，他的许多作品相继演出，均大获成功。1891年他在拜鲁特剧院任合唱指挥，也赢得了很高的声誉。但是，当他排练自己的首部歌剧《贡特拉姆》时，却遇到了麻烦。歌手们厌恶他的这部作品，拒绝演唱。他被迫中止了歌剧创作，一心写作交响音诗，于是，《查拉图斯拉特如是说》《英雄的生涯》等等，一部部出色作品接踵而至。

作为指挥家，斯特劳斯在1896～1898年间出尽了风头。这时，他担任柏林皇家歌剧院首席指挥。两年间，指挥了71场音乐会，25部歌剧，真正是硕果累累，收获惊人。斯特劳斯的指挥姿态十分庄重。他主张充分发挥右手的作用。他建议那些左手爱无目的地乱动的指挥家，"左手最好插在背心口袋里。"对一些指挥家喜欢夸大动作的矫情表演，他大不以为然，还挖苦地说："你们最好还是靠耳朵去指挥。"有一次，他还将自己指挥生涯的体验，归成条文，写在一位年轻指挥家的签名簿上。

2005年的国际音乐节,在柏林爱乐激情表演的《英雄的生涯》声中落幕。

第一部歌剧的失败，并不足以使斯特劳斯气馁。他重振旗鼓，从头开始，于1901年完成歌剧《火荒》之后，又在1903年完成了《莎乐美》。这后一部歌剧虽然因剧情不断为各国检查机关增添麻烦，但是在音乐上却获得了公认的成功。他1911年上演的另一部歌剧《玫瑰骑士》更受到普遍的赞誉，至今仍是在世界各地上演最多的保留剧目之一。

1933年，希特勒上台。这一年在拜鲁特举行的瓦格纳音乐节上，著名指挥家托斯卡尼尼为抗议纳粹对犹太人的迫害，拒绝出席参加。从不过问政治的斯特劳斯出于对瓦格纳的尊敬，稀里糊涂地代替托斯卡尼尼指挥了这场音乐会。

纳粹当局对这件事做了大肆渲染。同年11月，未经本人同意，斯特劳斯被任命为第三帝国的国家音乐局局长。

这时，他完成了歌剧《沉默的妇人》，正待上演。不想这部歌剧脚本的作者是正在苏黎士避难的犹太人作家茨威格，斯特劳斯又不顾当局反对，坚持在海报和节目单上印上茨威格的名字。他的这一举动，激怒了纳粹当局，首演四天之后，这部歌剧立即遭到禁止，斯特劳斯也被以健康借口撤免了局长职务。软弱动摇的斯特劳斯终于屈服了纳粹的压力，他给元首写了一封请求宽恕的信，虽然官复原职，却在一生中留下了耻辱的印记。

1938年，斯特劳斯完成了歌剧《自由节》。一向被冷落的斯特劳斯，忽然间又为当局垂青，这部歌剧获得了连续上演100场的殊荣。原来纳粹的目的是要利用这部歌颂和平的歌剧，造成国泰民安歌舞升平的假象。1941年，斯特劳斯因拒绝纳粹士兵借住，被驱逐出境，移居维也纳。

1945年，战争结束了，第三帝国宣告灭亡，斯特劳斯被列入肃清纳粹分子裁判所的名单上，他们夫妇因此退隐在瑞士。1948年，斯特劳斯被允许回国。第二年，他带着刚完成的最后四首艺术歌曲赶上了为他举行的85岁生日庆祝仪式。1949年9月8日，由于心脏病，他离开了人间。临终时，他喃喃自语："死亡就是这样，同我写的《死与净化》一样。"

但愿死亡能够洗去他心灵上的污点，使他净化。

"十二音作曲技法"的创建者勋伯格

(1874～1951)

20世纪中具有划时代意义的"十二音作曲法",
是由勋伯格创建的。
勋伯格说,
这种方法并不像人们所想的那样可怕,
它是一种实现逻辑的方法,
目的是为了让人理解。

阿诺德·勋伯格（Arnold Schoenberg）于1874年9月13日生于奥地利首都维也纳的一个犹太人家庭。父亲是商人。勋伯格很小的时候曾和叔叔学过法语，但未学音乐。8岁那年，他开始学小提琴和大提琴，并且几乎同时开始练习作曲。他如饥似渴地学习，只要有音乐会或者歌剧演出，都要想方设法去听。少年时期的勋伯格生活非常穷困，父亲去世后，他不得不早早就在一家银行当了一名办事员。

19世纪90年代末，他结识了三位朋友，他们对他有着终身难忘的影响。第一位是小提琴家阿德勒，他使勋伯格知道了音乐理论的存在，激发了他对诗歌及哲学的兴趣，并帮他对古典音乐产生了真正的了解。另一位是文学家、哲学家和数学家大卫·巴哈，他对勋伯格性格的形成发展起过很大作用。最重要的一位，是勋伯格心目中的伟大作曲家捷姆林斯基。勋伯格曾随捷姆林斯基学过作曲理论，并为他的歌剧《萨列马》编写过钢琴曲。勋伯格在《我的发展》一文中曾谈到捷姆林斯基对他的影响："在认识捷姆林斯基之前，我曾是一个'勃拉姆斯派',他却一视同仁地热爱勃拉姆斯和瓦格纳。认识他不久,我自己也变成对这两位作曲家不偏不倚的坚定崇拜者了。所以,当时我所写的音乐中反映着这两位大师的影响,也就毫不足怪了。"

1899年,勋伯格完成了他的第一部重要作品弦乐六重奏《净化之夜》。这首乐曲根据德国诗人德麦尔的同名诗作写成。乐曲深沉凝重,感情浓郁,是勋伯格最受欢迎、上演最多的一部作品,目前常常以弦乐队的形式演奏。

第二年,他开始动手写另一部力作《古列之歌》,但因为与捷姆林斯基的妹妹成婚后需养家糊口,不得不中途搁笔前往柏林,在那里的一家"艺术酒吧"编写轻歌剧并担任指挥。

勋伯格在柏林逗留了两年,虽完成了交响诗《佩利亚斯与梅丽桑德》这部杰出的作品,却一直未能找到合适的工作。1903年,他携妻子返回维也纳,寄居在捷姆林斯基家中。这时,《古列之歌》已完成的第一部分被理查德·斯特劳斯看到,大为赞赏。于是,他推荐勋伯格到斯特恩音乐学院任教,勋伯格的生活总算有了着落。不久,他的名字也渐渐引起了维也纳艺术界的注意。但他截止到这时的作品,包括断断续续完成的《古列之歌》,都仍然如勋伯格自己所说,看得出瓦格纳和勃拉姆斯的身影。

1906年,勋伯格完成了他自称为自己第一创作阶段的高

勋伯格所著的《作曲基本原理》,作为本书策划编辑的我,至今仍在拜读。

峰作品《室内交响曲》。这部作品已反映出勋伯格对一些新手段的追求。

1912年，勋伯格根据比利时诗人基罗的诗作创作了《月迷彼罗》这部朗诵加室内乐的作品，朝着自己的方向迈进了一大步。在这部作品中，他使用了半说半唱的"朗诵曲调"，到处是滑上滑下的音高感觉，连调也不清楚了。于是，人们把这种音乐称为"无调性音乐"，但勋伯格自己对这个说法却很不以为然。

有人曾对《月迷彼罗》在柏林的一次演出做了如下的描述："我听到了什么？最初好像是精细的瓷器碎为千百块发光碎片的声音。在那些来回摩擦的一片混乱中，在那些几乎使耳朵流血、眼睛流泪、头发发紧的声音中，我简直控制不住自己。这是什么音乐，没有通常意义上的旋律，没有主题。但是，其中每个乐句中每个细节的发展，却又是非常精巧、熟练。"

斯特拉文斯基看过《月迷彼罗》之后，在《自传》中写道："我对这一作品中的唯美主义一无热心，但作为器乐上的成就，《月迷彼罗》的总谱无疑是成功的。"

从这部作品起，勋伯格作为一位富有创新思想的作曲家，渐渐获得了世界性声誉。

第一次世界大战中，勋伯格在奥地利军队中服役两年，中断了他的创作。军队中有人听说勋伯格居然是位作曲家，感到十分神秘。他悄悄问勋伯格为什么要当作曲家，勋伯格淡淡地说："有这么一份儿职业，总得有人干。别人都不想当，只好我当。"这种因无可奈何才当上作曲家的"解释"，一时间在军中传为笑谈。

1918年，勋伯格回到维也纳，召集他的学生成立了"非公开音乐演出协会"。会中规定："谢绝评论家参加；事先不公布曲目；禁止鼓掌。"这个组织为勋伯格作曲学派的发展，起了很大的推动作用。

本世纪20年代之前勋伯格的写法被称为"自由无调性"，按照勋伯格自己的话来说，就是"用音来写作"。进入20年代后，勋伯格渐渐摸索到一种新的方法，这就是非常有名的"十二音作曲法"，并由此引发出所谓"序列音乐"。根据这种方法，无调性就不那么"自由"了，多少有了些规则。十二音作曲法在20到30年代间非常盛行了一阵儿，而且至今余波未减，许多刚出道的年轻作曲家更是对它趋之若鹜。不管怎么说，勋伯格的努力都具有一种划时代的意义，他为人类的作曲技术提出了一种令人眼界开阔的新思想。

勋伯格自己运用这种方法，在20到30年代之间写了一系列作品，其中最重要的是1927到1928年之间完成的《乐队变奏曲》。抛开别的不谈，这部作品还有一个非常重大的意义，那就是，它向人们证明了，运用十二音技术，不仅能写小型作品，即便写大型作品也毫不含糊。照勋伯格自己的话来说，就是："用十二音技术写出的音乐是可以理解的，它能够塑造形象，表达意境；能够动人心弦；同时，也并不缺乏趣味和幽默感。"

1925年，勋伯格应邀去柏林普鲁士艺术学院教授作曲。1933年，由于奥地利政治局势恶化，身为犹太人的勋伯格被纳粹解职后被迫出走，几经辗转，定居美国洛杉矶，并入籍美国，在加州大学任作曲教授。

二次大战间，勋伯格怀着对法西斯独裁者的刻骨仇恨，写了《拿破仑颂》；战后，他又写了《华沙幸存者》这部传世佳作，对法西斯残害犹太同胞的罪行提出了强烈而有力的控诉。

勋伯格的工作作风据说与斯特拉文斯基恰恰相反。斯特拉文斯基有条有理按部就班，写作离不开钢琴，每曲一定完成；勋伯格则从来不用钢琴，兴至而写，尽兴则罢，所以留下许多未竣的作品。有趣的是，这两位现代音乐泰斗同居一城，相距亦近，虽鸡犬相闻，却一直未相往来。

勋伯格的作品听起来非常复杂，但对他自己来说却井然有序，条理分明，因为他的音高听辨能力极其发达异乎寻常。据维也纳出生的美籍指挥家齐佩尔对笔者说，他少年时曾随勋伯格去听《乐队变奏曲》排练，乐队中的每一个错音，勋伯格都听得一清二楚，指挥偶有疏忽时，他立刻出面予以纠正。可见如此复杂的乐曲，全是勋伯格殚心竭虑周密思考的结果。他对其中的每一个细节，都如数家珍，了若指掌。

勋伯格一生中的教学工作值得大书特书。他自己主要靠自学成长，为人师表后，仍然坚持踏实严谨的治学作风。他对学生要求非常严格，尤其强调传统基础的重要，从不教学生所谓"现代"手法。他说，如果学生对前人的手法如数尽悉，新的手法便会应运而生自然到来。这话实在是至理名言。他在多年的教学生涯中，不仅出有非常著名的《和声学》和《对位法》《作曲基本原理》《和声结构功能》等教学著作，而且培养了一批相当著名的出色学生。其中最重要的有贝尔格，他的歌剧《沃杰克》和《小提琴协奏曲》都已成为20世纪中的音乐经典；另一位是威伯恩，他对后人的影响即使不比勋伯格大，也绝不比他小，可惜在战后维也纳灯火管制期间，他夜里出房吸烟时，被美军士兵开枪误杀了。

1951年7月13月，在毁誉参半中度过一生的勋伯格老人于洛杉矶离开了这个世界。

可以说，勋柏格的伟大不仅在于他的创作本身，还在于他的艺术胆略以及对20世纪音乐强烈而深远的影响。人们可能因他有所争议，但并不妨碍对这位伟大革新者的衷心崇敬。

"民族乐派"的杰出代表巴托克

(1881～1945)

在20世纪流派众多风格各异的音乐世界中,
匈牙利作曲家巴托克,
坚定地根植于自己民族的传统土壤之中,
大胆吸收一切可供借鉴的外来表现手段。
他获得了巨大的成功,
成为20世纪中民族乐派的杰出代表。

贝拉·巴托克（Béla Bartók）于1881年3月26日出生在匈牙利托伦塔尔的瑙杰圣米克洛什（现名圣尼古拉马雷，划属罗马尼亚）。父亲在当地农业学校当校长。父母亲都是音乐爱好者，常常和朋友们聚在家里演奏音乐。每逢于此，小小巴托克总是听得十分入迷。若有人发出别的声响，他居然还要一本正经地干涉。

巴托克5岁时，开始随母亲学习钢琴；7岁时上学，同年不幸丧父；9岁时，开始练习作曲；11岁时举行首次公开演奏会，并开始从著名音乐家拉兹洛·艾凯尔学习。从12岁起，他便开始靠教授私人钢琴课，补贴家用。13岁时，他随家人移居富有悠久音乐传统的城市普雷斯堡，拉兹洛的父亲匈牙利歌剧的奠基人弗朗茨·艾凯尔和匈牙利前辈大师李斯特的专业道路都是从这座城市起步的。

普雷斯堡的音乐生活十分活跃，巴托克来到这里真是如鱼得水。他结识了许多优秀的音乐家，参加当地盛行的家庭演奏会，出席音乐会，观赏歌剧，到18岁时，便已学遍了从巴赫到勃拉姆斯的全部曲目。

巴托克的母亲文化素质很高且颇有远见，她无心让自己的孩子成为"神童"。她认为必须经过充分的基本教育，才能保证孩子日后顺利发展。巴托克秉承母训，发奋读书，认真完成学校功课，凭着优异的成绩得以免除学费，并挣得奖学金减轻孀居寡母的经济负担。

1899年，巴托克在普雷斯堡结束中学教育后，因超乎寻常的才能免试进入布达佩斯音乐学院。在校期间，他接触到了理查德·斯特劳斯的作品，大为折服。可惜当时布达佩斯音乐学院的教学偏于保守，学校乐团几乎从不演奏当代作品。学生们必须越过多瑙河，在大河彼岸圣卢凯温泉的音乐会中，才能一饱耳福。

音乐学院毕业后，巴托克于1904年1月上演了自己第一部重要作品《科树特交响曲》。科树特是一位反抗奥地利统治的匈牙利民族英雄。因此，担任演奏的乐队中有一些奥籍音乐家至为不满。排练中，他们大声抗议，拒绝演奏；初演时，竟然有五名担任重要声部的奥地利人装病请假。然而，这部充满爱国主义情绪的作品毕竟受到了热烈欢迎。初演时，年轻的作曲家在如雷的掌声中谢幕达十多次。

翌年8月，巴托克曾去巴黎参加过一次作曲比赛，但因为他的作品过于"新潮"落选了。年少气盛的巴托克十分气愤，

1981年,为纪念贝拉·巴托克一百周年诞辰,天津音乐学院许勇三先生主编的一本书。

他说:"真是岂有此理。作品的演奏还差强人意,偏偏倒是那些评委们听不懂,实在可耻。让这些畜生来宣布我的作品不够格,只能说明空前未有的愚蠢。"

同年,巴托克在国内旅行时,一路上听到许多民歌,令他大为震动。他开始认识到,匈牙利民族音乐的真谛原是蕴藏在广大的乡间农民歌手中。他终于找到了弘扬发展匈牙利民族音乐的基本起点。从此,他和亲密的朋友、作曲家柯达伊一道,开始了长达数十年的民间音乐研究工作。

为了收集记录民歌,巴托克从一个村庄走到另一个村庄,历尽了风霜辛苦。一位朋友在乡间见到他时,对着他的模样竟惊奇得一时间说不出话来:他的裤腿卷起来塞在靴子里,旧上装、破帽子,还套了件磨光了的棕色外衣。他的胡子至少有一星期没刮过了。脖子的一边,斜挂着一架留声机,来回直晃荡;另一边挂着一个装食物的布包,活脱脱变成了另外一个人。

巴托克的民歌研究工作,为匈牙利音乐的发展做出了划时代的贡献,但却难以维持他的生活。1907年,他终于能在母校执教,收入虽有限,却总算有了固定职业。在繁忙的教学工作之余,他仍坚持自己所深深喜爱的音乐创作。一位出版商曾在火车上遇到趁假期出外旅行的巴托克。作曲家坐在车厢一隅,膝上搭了一只扁箱子,上面摊着谱纸,正忙着写作。出版商问他在火车上作曲是否方便,巴托克笑着说:"要看车厢的弹簧。现代的铁路车辆弹簧很好,大大减轻了颠簸之苦,当然可以在车上写作。"

1908年,巴托克完成了《十四首钢琴小曲》。在这部曲集中,他将古老的匈牙利民间音乐的精神与本世纪初盛行的作曲技术,进行了巧妙有机的结合,显示出自己独特的音乐风格。与此同时,他还写了根据85首民歌改编的一套教学用钢琴曲《献给孩子们》和《十首简易钢琴小曲》,这些作品清新生动且简单易奏,深得各年龄层人们的喜爱。

巴托克的作品影响越来越大,但因为手法新颖不同寻常,常常是毁誉参半。每次演出,台下总是分成两大阵营:一半掌声,一半嘘声。演奏现代音乐,也向乐队提出了更高的要求。1917年,巴托克完成舞剧音乐《木雕王子》后,交由布达佩斯歌剧院演出。剧院的指挥怯于困难,没人肯接;乐队队员也不愿演奏。意大利指挥家坦戈自告奋勇,热心帮忙。他在排练中坚持严格要求,不断纠正演奏员的错误,又吵又嚷,声色俱厉,逼得那些存心起哄的队员不得不拿出看家本领全力应付。这次演出,终于获得了无可争议的成功,作者和指挥曲终并肩谢幕多达15次。

本世纪20年代后期和30年代间,巴托克的创作进入高峰时期。他写了集20世纪作曲技术大成的钢琴教学曲集《小宇宙》《世俗大合唱》《为弦乐、打击乐和钢片琴所写的音乐》《两架钢琴奏鸣曲》《第二小提琴协奏曲》等一系列最重要的作品。在音乐史上具有里程碑意义的6首弦乐四重奏，也于此时全部完成。巴托克已赢得了世界性的声誉。但就在这时，纳粹在德国取得了政权，欧洲的政治局势越来越严峻。1940年10月，巴托克被迫离开匈牙利，抵达美国。

来到美国之后，巴托克主要从事民间音乐研究。他收入很低，而且没有保障；又患了白血病，处境十分艰难。1943年，美国的音乐家朋友们以约写新作的名义，送他去疗养。疗养中，他抱病完成了《乐队协奏曲》这一传世名作。1945年秋，他在《第三钢琴协奏曲》接近完成时，病情急剧恶化。9月26日，巴托克带着《第三钢琴协奏曲》中的未尽之言，于痛苦中离开了人世。

巴托克一生中在民族音乐研究、音乐创作、钢琴演奏与教学等方面都取得了巨大的成就，他是20世纪中最伟大的音乐家之一。

"20世纪音乐界的弄潮者"
斯特拉文斯基

(1882～1971)

这位作曲家几乎一生旅居国外,
并且始终处在,
本世纪各种音乐新潮的风口浪尖上,
但他的音乐中,
仍然浓郁地保持着祖国俄罗斯的优秀传统。

伊戈尔·斯特拉文斯基（Igor Stravinsky）1882年6月17日生于俄国圣彼德堡附近的奥拉宁包姆。父亲是帝国歌剧院的男低音歌唱家。父亲希望儿子不要追随自己，去做一名律师。但或许恰恰是父亲的职业影响了他，斯特拉文斯基从小便很喜欢音乐，9岁时，钢琴已经弹得蛮不错，甚至打算自己作曲了。

1901年，斯特拉文斯基虽然承父训考入彼德堡大学学法律，但钻研音乐的时间却越来越多。斯特拉文斯基在20岁那年结识了著名作曲家里姆斯基－科萨科夫后，更是把大部分时间花在里姆斯基－科萨科夫家中，最后，索性告别法律，投师里姆斯基－科萨科夫专攻作曲。

1908年，为祝贺里姆斯基－科萨科夫女儿的婚礼，斯特拉文斯基创作了一首管弦乐曲《焰火》。这首乐曲虽然很短，尚不足10分钟，但却引起了当时在巴黎组建俄罗斯芭蕾舞团的著名艺术活动家贾吉列夫的注意，他遂约请斯特拉文斯基为舞剧《火鸟》写作音乐。

1910年6月，《火鸟》在巴黎歌剧院首演，立即在欧洲乐坛上大放异彩，一举成功。接踵而来的是1911年完成的另一部舞剧《彼得鲁什卡》，同样受到欢迎。

1913年，斯特拉文斯基完成了贾吉列夫约写的第三部舞剧《春祭》。这部舞剧当年5月29日首演时，对巴黎听众的震动绝不亚于一场火山爆发。音乐中疯狂强烈的节奏、粗糙刺耳的音响，就像是在与温文尔雅的芭蕾音乐传统提出挑战。台下听众立即分成支持与反对的两大阵营，争吵谩骂，甚至顾不得斯文大打出手，乱成一片。一位评论家曾对当晚的场面做过精彩的描述："开演不久，一部分听众认为斯特拉文斯基有亵渎音乐的企图而怒不可遏，有人吹口哨，有人尖声喊，以示不满。我们这些喜欢这种音乐的人发现音乐中的言论自由受到钳制，便仗义执言提出抗议。当晚的情形，就像一场为艺术而战的生死搏斗。乐队的声音根本无法听见，舞台上的演员只能把一切置之度外，全凭感觉起舞。指挥也在大声作吼，以助演员一臂之力。我身后的一位年轻人为了听清楚，一直站立着。亏得他在骚乱中还能全身心投入欣赏，手掌合着音乐节拍不断敲着我的脑袋。我自己也沉湎于音乐之中，竟浑然未觉。等音乐停顿时，我忽然感到不对头。回身看时，他才顿有所悟连声道歉。我们俩人都迷醉在忘我的艺术境界中了。"

1914年4月,《春祭》再以音乐会形式出现时,人们已经见惯不怪,演出相当成功。这部作品已成为斯特拉文斯基早期作品的代表作,也是本世纪中的经典佳作之一。

多少年来,斯特拉文斯基一直靠俄国家中寄钱维持生活。十月革命后,没收了他的财产,贾吉列夫的剧团这时也陷入困境。没有了收入来源,他只好与人组成小型室内乐团巡回演出。此间,他写了一部由六件乐器加打击乐伴奏的舞剧音乐《士兵的故事》,充分显示了室内乐写作的才能。

斯特拉文斯基在创作中不拘一格,不断吸收各种新的表现手段。当人们正在评论他的某种风格时,他早已转向了另一种新风格。1919年,斯特拉文斯基吸收当对正盛行的爵士乐因素,写了十一件乐器的《拉格泰姆》。1920年,他又完成了舞剧《浦尔奇涅拉》,从此致力于旨在恢复古老传统的"新古典主义"。

1926年,斯特拉文斯基出于"为了表现崇高的精神,必须使用特别的语言,而不是普通会话"的想法,改用拉丁语创作,推出古代希腊神话歌剧《俄狄浦斯王》。演出时由旁白者将故事告诉听众;演唱者一律使用拉丁语;主要角色要像石雕一样静立不动;所有合唱队员也都身着古代服装戴着假面具肃然而立;伴奏只用弦乐器,全然是完整的一套古人作派。斯拉特文斯基乐此不疲,1928年又写成一部古代希腊神话清唱剧《阿波罗》,并在首演中亲自出马担任钢琴演奏。两年后,他又根据《圣经》的内容写出《诗篇交响曲》,再度成为音乐界的话题中心。

1934年,斯特拉文斯基入籍法国。为了纪念这件大事,他随即创作了《两架钢琴协奏曲》,第二年11月与儿子合作在巴黎演出。

第二次世界大战爆发后,斯特拉文斯基移居美国,先后写有《C大调交响曲》和《三乐章交响曲》等作品。战火持续中,他已无法再回欧洲,于是定居美国好莱坞,并在1945年入籍美国。居住地点与国籍的改变,并没有改变他的生活方式。他仍然继续作曲,并到世界各地去指挥他的新作。人们曾认为斯特拉文斯基在音乐上与勋伯格学派各据一隅势不两立,不想斯特拉文斯基又开始研究序列音乐,并尤其看重威伯恩的实践。这之后的作品中便反映出了他在这一方面的新兴趣。

斯特拉文斯基是一位严于律己的工作狂。他日常生活中的每件事情都安排得有条不紊:早上按时做健身操,中间工作12个小时,然后下盘中国象棋算是休息。他的一位朋友曾这样描绘他的工作室:"斯特拉文斯基的写字台很像外科医生的器械台,各种不同颜色的墨水瓶都按一定的位置排列好。旁边还有各种各样大小不同的橡皮、各种尺子、去墨水的褪

毕加索为斯特拉文斯基所作画像。

色灵、各种铅笔、小刀，不消说，还少不了斯特拉文斯基发明的用来绘制五线谱的一种带轮小工具。各色的墨水在谱纸上都有固定的用途：一种用来写音符；另一种写第一行歌词；第三种写第二行歌词；再有几种写各种标题；此外，还有一种专门用来写谱中的说明文字。小节线是用尺子画的，所有出错的地方都要用一种钢制的工具仔细去掉。"

斯特拉文斯基与著名西班牙画家毕加索情趣相投，交情至笃。毕加索常赠画给他。有一次，他在国外旅行时，行李中装有一幅毕加索为他作的肖像，被海关官员发现了。毕加索的画高度抽象，几位官员颠来倒去不得其解，大为疑惑，猜想一定是一幅伪装了的秘密军事地图。斯特拉文斯基再三解释也没有用，干脆说："您说得对，是一张图，本人面部的平面图。"结果，这幅肖像还是被忠于职守充满高度警惕性的海关官员没收了。

1962年秋天，80多岁的老人斯特拉文斯基回到阔别的祖国访问，受到了隆重的接待和热烈的欢迎。

1971年4月6日，斯特拉文斯基在美国逝世。根据他生前的嘱托，人们将他葬于威尼斯的贾吉列夫墓地旁边。从此，他便与这位当年引他走向成功之路的恩公长眠在一起了。

20世纪的作曲家，没有任何一个人能像斯特拉文斯基那样，在种种风格流派的创作中都获得了如此巨大的成就。

"曾经大逆不道"的普罗科菲耶夫

(1891～1953)

当初谁也没想到,
大逆不道的普罗科菲耶夫,
如今能被誉为俄罗斯音乐传统的忠实继承者。

〉〉〉

谢尔盖·普罗科菲耶夫(Sergey Prokofiev)于1891年4月23日出生在俄国叶卡杰琳娜省的桑磋夫卡。父亲是庄园管理人，性情孤僻，沉默寡言，对儿女十分温和。母亲喜欢弹钢琴，尤其喜欢贝多芬、肖邦的作品。普罗科菲耶夫小时候天天听母亲弹琴，母亲一离开，他就自己坐在琴前开始即兴发挥。

7岁时，母亲正式教他学习音乐。当年，他写了一首四手联弹的进行曲，长大后，他很自豪地将这首乐曲称作自己的处女作。8岁对，父亲带他看过几部歌剧和舞剧，令他眼界大开。几个月后，他居然捧出了一厚叠乐谱：他的第一部歌剧《巨人》就这样问世了。

经著名作曲家格里埃尔指导，普罗科菲耶夫于1904年进入彼德堡音乐学院就读。在校时，他因知识广泛、学业突出，被同学们戏称为"教授"。

普罗科菲耶夫热衷追求现代作曲技术，常与真正的教授们发生冲突，连他的导师、著名作曲家里亚多夫都气得忍不住说:"你在音乐学院待不了几天!"但这位性情古板的老师仍然很赏识他的才能,给他的分数并不低。这个调皮学生也非常尊敬他的各位老师,在老师里姆斯基－科萨科夫的作品音乐会上,他拚命鼓掌,手都拍疼了。

1911年,普罗科菲耶夫的《第一钢琴协奏曲》公演后,毁誉不一。反对者说,这种粗暴狂乱的声音,根本不算音乐,听了便会发疯。拥护者说,这音乐热情奔放,风格新颖,作者真是天才。还有人说这部作品令人想到足球比赛,真是匪夷所思。普罗科菲耶夫本人倒是不为所动,他在一封信中写道:"协奏曲演出成功,我感到很满意。"

1914年,普罗科菲耶夫在毕业考试的钢琴音乐会上,又演奏了这部作品,结果名列第一,并获得了鲁宾斯坦奖——一台名贵钢琴。

毕业后,普罗科菲耶夫出国旅行,结识了俄国同乡、著名作曲家斯特拉文斯基和艺术活动家贾吉列夫。贾吉列夫以约写作品的方式,向他提供了很多帮助。

回国后,普罗科菲耶夫作品中的现代特点愈加突出。1916年,他的《斯基福组曲》上演时,听众为它的大胆新奇大吃一惊,老师格拉祖诺夫未待曲终便离席而去。有一名演奏员对同伴说:"我想我应该买点儿什么药来吃,否则,听了这样疯狂的音乐会生病的。"有人甚至根本没听音乐就撰文大

俄罗斯芭蕾舞大师乌兰诺娃。

肆抨击作者，说作品"非常糟，简直糟透了"。

1917年，普罗科菲耶夫完成了自己的传世佳作《第一（古典）交响曲》，它有着海顿式的外壳，含着20世纪音乐的内核，如今已成为本世纪音乐中的经典。十月革命以后，通过著名作家高尔基的帮助，普罗科菲耶夫来到美国纽约。

普罗科菲耶夫在美国主要以演奏钢琴为生。他的演奏刚健有力、充满热情，大受美国听众欢迎。连所住旅馆电梯间的黑人服务员也不无恭敬地摸摸他的双臂，连声称赞他肌肉真棒。普罗科菲耶夫当时想："大概他把我当成拳击运动员了。"

旅居美国期间，普罗科菲耶夫完成了自己最杰出的作品之一《第三钢琴协奏曲》和歌剧《三个桔子的爱情》。这部歌剧的演出很不顺利，普罗科菲耶夫深感沮丧，他说："我在纽约市各个公园里散步，看到高耸入云的摩天大楼，内心却十分失望愤慨，美国乐队根本无视我的作品。"他终于在1920年愤然离去，到了巴黎。

巴黎是现代艺术的大本营，他的舞剧《钢铁时代》在这里大获成功，受到热烈赞扬。

他乡虽好，终非久留之地。在离开祖国的16年间，怀乡之情令普罗科菲耶夫时刻不能平静。1932年11月，他终于启程回国。

1935年，他完成了舞剧《罗密欧与朱丽叶》。这部舞剧为走上舞台，经历了一段漫长而曲折的道路。剧院方面的态度很暧昧，表面上说剧中大团圆的结尾不符合莎士比亚原著精神，其实是嫌他的音乐难以让人接受。正像扮演女主角的著名舞蹈家乌兰诺娃所说，当时他们不习惯其中的音乐，"简直有些害怕它"。作曲家也十分谨慎，他几乎每次排练都到场，面布愁云，一言不发。

有一次，因音乐声音太弱，舞台深处听不到，角色误了上场，编导大为不满。固执的作曲家说："您需要的是鼓声，不是音乐。"演员们请他亲自上台体察，普罗科菲耶夫虽然老大不情愿，却也只好勉难为之。一上台，果然如演员所说。普罗科菲耶夫十分尴尬，连忙修改。

随着排练的进展，大家日益相互了解，合作逐渐默契。演员们克服了听觉惰性之后，体会到了其音乐性格鲜明，切合舞台动作的优点，认识到角色的音乐性格生动、准确，与莎翁原作精神紧相吻合。乌兰诺娃后来说："普罗科菲耶夫的音乐是舞蹈的灵魂，他笔下的朱丽叶是我最喜爱的角色。这个角色集中表现了普罗科菲耶夫几乎每部作品中都那么感人的色彩以及人道主义精神和崇高的气质。"

1936年初，普罗科菲耶夫完成了为孩子们写的童话乐曲《彼得与狼》，为便于理解，还在曲中加进了朗诵。这部作品通俗生动，情趣盎然，近60年来，一直深受世界各地小听众的喜爱。

1937年，普罗科菲耶夫专赴好莱坞研究美国电影音乐。其后，他为杰出的导演爱森斯坦的著名影片《亚历山大·涅夫斯基》谱写了音乐。如今，它被公认为有史以来最伟大的电影音乐经典。

20世纪40年代间，他又先后完成了力作《第五交响曲》和歌剧《战争与和平》，9首钢琴奏鸣曲也于此间完成。但这些作品中有不少虽然获得成功，但却受到了严厉的批判，作曲家还因此作了检查。

1947年起，普罗科菲耶夫的健康状况明显恶化。1953年1月，他还曾撰文谈论自己的创作计划，不想于3月5日竟抱病与世长辞。

普罗科菲耶夫在动荡的一生中，曾受到未必公正的政治待遇，屡遭批判，但俄罗斯人民、全世界人民都将永远怀念这位充满创新精神的卓越作曲家，永远爱戴他那些真挚动人的作品。

"将爵士乐融入交响乐"的格什温

（1898～1937）

爵士乐是发源于美国本土的，
一种民间通俗音乐形式。
它的节奏强烈而富有变化，曲调自由而充满激情。
多少年来，
所谓"严肃音乐"不断受到爵士乐的影响，
许多作曲家都曾在作品中吸收爵士乐的因素。
但是，第一位系统深入地把爵士乐语言用在交响音乐中的作曲家，当属格什温。

乔治·格什温（George Gershwin）1898年9月26日生于美国纽约。他的双亲是来自俄国的犹太移民。他少年时对音乐的爱好，是由听过俄国作曲家鲁宾斯坦的《F大调旋律》引起的。当时，家里只有一台钢琴，供哥哥练琴用。不久，小格什温也学习起来。他如饥似渴地照着教本苦练，弄得老师都精疲力竭。1913年，15岁的格什温为一位流行音乐出版商演奏钢琴做广告。同时，他被介绍给一位颇有才能的钢琴老师汉比策尔。老师为他制订了深造的计划，经过学习他渐渐走入正规。后来，他又先后随基伦尔和著名的作曲家戈尔德马克学习作曲。

格什温很早就已对各种形式的通俗音乐非常熟悉，并且他从哥哥和妹妹写的歌词入手，开始写作流行歌曲，18岁时，发表了他的歌曲处女作。他20岁时创作的歌曲《天鹅》曾红极一时，至今仍在流传。一首首脍炙人口的歌曲都受到人们的欢迎，26岁的格什温已成为流行歌曲出版商们的宠儿。少男少女们更是趋之若鹜，争相传唱。人们唱着格什温的歌曲，认为是理所当然的事,或许根本不知道谁是作者。

格什温自从结识了维克特·哈巴与吉罗姆·康二人后,又开始在新的领域中出现。他的第一部百老汇音乐剧《拉拉露西尔》创作于1919年,大获成功。其后14年中,他的每一部音乐喜剧都成了纽约戏剧生活中的头等大事。

1924年格什温的名字已经家喻户晓,在轻音乐界更是十分响亮。这时他结识了著名的爵士乐演奏家、指挥家怀特曼。怀特曼认为爵士乐不应仅仅用来伴奏舞蹈,也应当成为纯然供听觉的音乐。他建议格什温创作一部严肃音乐性质的爵士协奏曲。几天以后,格什温前往波士顿参加他的音乐剧《甜蜜的小戴维》首演。在火车节奏均匀的隆隆声中,他完成了构思。一个星期以后,一部新作面世了。根据弟弟的建议,格什温为这部新作取名为《蓝色狂想曲》,以表明其中所具有的爵士布鲁斯(蓝色)音调的特征。

当年4月,在严肃音乐的殿堂卡内基大厅演奏了格什温的《蓝色狂想曲》。音乐会结束后,《纽约时报》评论说:"听众受到了感动,连那些不动感情的音乐爱好者都被激动起来了,他们为一个新天才的出现而兴奋。这个天才对世界要说的话,既是他个人的话,也是一个民族的声音。他同时也给已经枯竭和衰老的古典钢琴协奏曲,带来了新的巨大的机会。"如今,这部作品已成为交响音乐中的经典。

《蓝色狂想曲》是一部具有划时代意义的音乐作品,它将爵士乐、布鲁斯和交响乐有机地结合在一起,登上了严肃音乐的殿堂,这极大地丰富了交响音乐的内涵,对后世作曲家亦产生了深远的影响。

"将爵士乐融入交响乐"的格什温

1925年，格什温作为钢琴家随纽约交响乐团在美国6大城市巡回演出，并应约为该团创作了《F大调钢琴协奏曲》。这部作品完稿之后，为了更有把握，格什温自己先花钱请了一个不知名的乐队试奏，经过反复修改，才交给纽约交响乐团演奏。

《蓝色狂想曲》和《F大调钢琴协奏曲》是格什温将爵士音乐与严肃音乐相结合的大胆尝试，他获得了成功。它们的出现，同时也为爵士音乐的发展起到了重要的推动作用。

1928年，格什温完成了又一部交响乐队力作《一个美国人在巴黎》，由纽约交响乐团首演，反响不太热烈。但过了一段时间以后，终于得到了一致称许。

格什温的这些作品日渐获得了世界影响。据说，在这期间，他曾希望师从法国著名作曲家拉威尔学习。拉威尔风趣地说："如果你向我学，至多成为拉威尔第二。但是，如今你已经成为格什温了。"拉威尔的话对格什温已经取得了的成就做出了充分的肯定。

格什温的最后一部大型作品是反映美国黑人生活的歌剧《波吉与贝丝》。格什温非常喜欢黑人音乐，他的朋友中有许多黑人音乐家。他的这部歌剧以卡罗来纳州查尔斯顿的黑人区为背景，其中有许多黑人音乐因素，并且完全由黑人歌唱家演出。文学脚本是他弟弟艾拉撰写的，充满文采，与哥哥的优美旋律珠联璧合。1935年,《波吉与贝丝》在波士顿首演,受到高度赞扬,至今仍是美国作曲家的歌剧作品中唯一能在保留剧目保持不败之地的作品。

1937年,格什温正在为一部电影配乐时,昏倒在录音室,经医院诊断为脑癌。手术两周后,这位正在英年之中的作曲家离开了人世。

格什温的作品或许为美国交响音乐找到了鲜明的民族特点,更重要的是他把发源于美国的近代民间通俗音乐带进了全体人类所共享的精神财富之中。

"与列宁格勒共存亡"的肖斯塔科维奇

(1906～1975)

苏联卫国战争期间,
列宁格勒曾被纳粹德军围困900天。
在经历过这段艰难岁月的每一个战士,
每一位公民心中,
都深深地铭记着一位伟大作曲家的名字:
肖斯塔科维奇。

德米特里·肖斯塔科维奇（Dmitry Shostakovich）1906年9月25日出生于俄国彼德堡。父亲是西伯利亚矿山的工程师，母亲是一位修养很高的音乐爱好者。肖斯塔科维奇很小就显示出极高的音乐天赋。5岁时，他看完里姆斯基-科萨科夫的歌剧《萨旦王的故事》之后，便能正确地哼唱出其中的部分曲调。他9岁时从母亲学习钢琴并开始作曲，10岁时进入格拉泽尔音乐学校。1919年，13岁的肖斯塔科维奇考入彼德格勒音乐学院。

肖斯塔科维奇在音乐学院上学时，父亲不幸死于肺炎，家境十分艰难，一家人全靠母亲打字为生，冬天时，还不得不典卖大衣、家具。为了减轻母亲的负担，肖斯塔科维奇课余便在一家电影院里弹钢琴，为无声电影伴奏。

1925年，他完成了毕业作品《第一交响曲》。这部乐曲于第二年由列宁格勒交响乐团首演。肖斯塔科维奇的母亲生动地记下了当天的情景："5月12日这一天终于到来。从早晨起来，一家人就都很兴奋。米佳（肖斯塔科维奇的爱称）更是激动不安,他一夜未曾合眼,连东西都吃不下。晚上8点半,我们换好衣服,前往剧场。9点时,剧场已坐满了。指挥走上舞台,我屏住呼吸静静等待他开始。多么好的音乐,多么棒的音乐会!听众们情绪高涨,《谐谑曲》乐章奏了两次。最后,米佳谢了好几次幕。音乐会后,老师们都来家里向米佳祝贺。格拉祖诺夫虽然未能来家里,但也抱病出席了音乐会。"

本世纪20年代中期,大量的国外当代音乐作品涌入苏联,肖斯塔科维奇眼界大开,深深为之着迷。但他后来写的几部作品,却未能取得成功,有的还受到了严厉的批判,遭到禁演。1936年,他完成了《第四交响曲》。排练过程中,演奏员们都很不感兴趣,还未排完,连肖斯塔科维奇也坐不住了,索性作罢。

第二年,肖斯塔科维奇完成了纪念十月革命20周年的《第五交响曲》,获得了巨大成功。演奏到《终曲》乐章时,群情振奋,全场听众一致起立,合着音乐鼓掌。

卫国战争开始后,肖斯塔科维奇移居临时首都古比雪夫。他报名要求奔赴前线,未能如愿,便积极投身于民防工作,担任了一名民兵消防员。不久,传来了列宁格勒被围的消息。这时,肖斯塔科维奇正在创作《第七交响曲》。他在电台发表讲话说:"我的全部工作和生活都与列宁格勒共存亡",并把这部作品献给了故乡列宁格勒和英勇战斗中的故乡人民。

1942年3月,在列宁格勒,苏联军队使用的防空炮。

"与列宁格勒共存亡"的肖斯塔科维奇

1942年7月，一架运送药品的飞机把《第七交响曲》的总谱送到了兵临城下危急之中的列宁格勒。列宁格勒政府召集了留在本市的15名音乐家，又从前沿部队抽调回一些入了伍的演奏家。在隆隆的炮火声中，这个临时组建的乐队团结奋战迅速把作品搬上舞台。几天中，他们不顾疲劳饥饿，怀着悲壮的心情连续演奏，前方将士分批前来聆听作曲家的声音。这部作品的演出，成为音乐史上震撼人心的壮举，极大地鼓舞了列宁格勒人民克敌制胜的决心。

乐曲总谱同时还用微粒摄影技术拍成图片，航空运至美国和英国。美国指挥家们都自告奋勇争相夺取首演权，结果，由著名指挥家、反法西斯战士托斯卡尼尼率先执棒与库塞维茨基等一流指挥家轮番上阵。身处反法西斯战争中的美国听众大受感动，哥伦比亚广播公司立刻向苏联政府预付了肖斯塔科维奇还没写的《第八交响曲》的初播酬金。美国方面曾多次邀请作曲家赴美访问，但碍于战争，肖斯塔科维奇一直未能成行。

肖斯塔科维奇的这首交响曲成为他创作生涯中的一个里程碑，为他赢得了广泛的世界声誉。1943年后，他定居莫斯科，在莫斯科音乐学院担任作曲教授。

1949年3月，肖斯塔科维奇曾去美国参加世界和平学者大会，但当时正处在冷战时期，所以未能与美国同行和听众进行广泛接触。

同年，肖斯塔科维奇完成了又一部大获成功的作品，清唱剧《森林之歌》。但不久因受到批判，被免去莫斯科音乐学院教职，直到1960年才得以恢复。

1955年冬天，肖斯塔科维奇在列宁格勒推出新作《a小调小提琴协奏曲》，再次引起轰动。第二年2月在莫斯科的首演中，奏完第三乐章后，乐队不得不停止演奏，请肖斯塔科维奇上台接受观众的掌声致敬。

1966年，肖斯塔科维奇因过度劳累患了心脏病。1975年8月9日，年高望重的作曲家于莫斯科逝世。

肖斯塔科维奇与普罗科菲耶夫的不尽相同处，在于他是苏维埃政权下培养成长的第一代作曲家，而且一直在国内勤勤恳恳地工作。遗憾的是，他们都遭受过同样未必公正的政治待遇。然而，肖斯塔科维奇终究不愧为俄罗斯人民的忠实儿子，他继承和发展了俄罗斯音乐的优秀传统，为人类的进步音乐文化做出了卓越的贡献。

"反文化现象"的凯奇

(1912～1992)

音乐到底应该怎样,
20世纪最富独创性、
最有影响的作曲家之一凯奇,
向我们提出了这样一个看上去简单,
其实非常深邃而严峻的问题。

约翰·凯奇（John Cage）于1912年生在美国洛杉矶。他的父亲是一位发明家，对他的影响非常大。他从小就好动脑子，不甘寂寞；上学后，更是聪明过人，学业优秀。高中毕业时，凯奇因名列前茅被选为毕业典礼学生致辞代表。对于美国中学生来说，这可真是一项了不起的殊荣。

1930年春天，正在大学上二年级的凯奇中途辍学前往欧洲旅行，并学习音乐、美术和建筑。1931年秋天回到美国后，为了谋生，凯奇干过厨师、园丁等各种各样的工作，同时继续写诗、作曲、绘画，还分别从美国著名作曲家威斯和考威尔学习作曲理论、非西方民间音乐和当代音乐。1934年，他师从一代作曲大师勋伯格，并在加州大学学习音乐理论。这时他开始了从事有年的舞蹈团作曲兼钢琴伴奏工作。

勋伯格曾这样评论他这位高足："与其说他是一位作曲家，倒不如说他是一位发明家。"确实，凯奇从一开始就对发明新的作曲方法，比掌握已有的作曲方法更有兴趣。

凯奇最初的作品，大多是在摆弄12个半音间的关系上出花样。后来，他渐渐热衷于寻找各种新颖独特的音响。他先是在各种打击乐器上作文章，写出了打击乐六重奏《金属结构I》等有趣的作品。1938年，当打击乐已经不能满足他的好奇心时，他就又盯上了钢琴，在钢琴里塞上螺栓、螺钉、木头、毡子、勺子、衣夹等各种随手可以拿到的东西，以产生出人意外的音响。这种音乐有一个正式名称，叫作"预制钢琴音乐"，作品有《喧闹》《沉思》等等。即便如此，凯奇仍然觉得手段有限，他又在作品中使用了铁罐子、牛铃铛、狮子吼、蟋蟀叫以及摔门声、关窗声、发电机的轰鸣声和由电子处理的变形声音等等形形色色的音响来源，如：《臆想的景色》《芳塔那混合》《罗扎特混合》等作品。

凯奇一方面尽力扩大音源，另一方面又走入相反的极端。1952年，他推出一部真正富有挑战意味的"作品"《4′33″》。这部作品要求演奏家在钢琴前静坐4分33秒，不要出声，什么也不要演奏。凯奇的意思是要让听众于一片静寂中聆听在这段时间所能听到的任何声音，比如可能有人咳嗽，座椅也会轻轻作响，甚至包括怀表的嘀哒声、听众自己的呼吸声和心跳声。或许凯奇认为世界之大、无处没有音乐，存心让生活在既成音乐文化中的人们稍稍领略一下大自然所固有的音响美。

凯奇还有另外两首以时间为题的作品。一首是1956年为

约翰·凯奇正在演奏《4′33″》。

一名打击乐演奏者写的《27′10.554″》；另一首是1962年写的为"任何人用任何方式演奏"的《0′00″》，他自己"演奏"这首"乐曲"时，是把蔬菜切碎后用搅拌器搅烂，接着把菜汁喝掉，"曲子"也就大功告成了。

　　从20世纪50年代末到60年代中，凯奇也曾投入到"偶然音乐"的创作行列中，写有六首《变奏曲》等。偶然音乐是20世纪出现的一种新现象。在这种作品中，作曲家只给出作品的梗概或提出一些文字性的要求。演奏家接到的往往不是乐谱，而是一纸通知单。落实成完整的作品，主要靠演奏家按照大致规定进行即兴发挥。这样，同一作品演奏时，一次一种面目，绝不可能重样。

　　凯奇还搞过荒诞派的音乐试验。他的作品《舞台音乐》的演出过程是这样的：舞台上有一个人被裹在黑塑料布里倒吊着；另一个人挥舞绑着旗子的竹竿；气球在吱吱漏气；蜂鸣器在嗡嗡作响。所有这一切都发生在一位大提琴家演奏凯奇音乐的同时。

　　尽管凯奇在音乐上别出心裁，标新立异，但他本人却待人宽厚，和蔼可亲，既不好斗，也不刻薄。他总是穿着一条褪了色的牛仔裤，乐乐呵呵地出现在各种场合中。对于讲究礼貌，规定严格的巴黎马克西姆餐厅来说，凯奇可能是唯一被允许不系领带、穿着牛仔裤出入的顾客。

凯奇曾认真研究过印度的佛教禅宗理论和我国古代著作《易经》，他的很多音乐思想都来自于这些学说所给予的启发。有人曾经说："凯奇的贡献与其说是在音乐方面，不如说是在哲学方面。"这话很有道理，凯奇的音乐确实唤起了人们对音乐基本现象的重新认真思考。

凯奇影响了整整一代美国作曲家，并且波及到世界各个角落。他的影响所至并没有使别人亦步亦趋地模仿他，而是开阔了人们的视野，鼓励人们大胆地开创自己的新风格。

1992年8月12日，毕生致力于创新的八旬老人凯奇在美国溘然辞世。

也曾有人指出，凯奇的音乐是一种对人类文化传统持虚无主义态度的"反文化现象"。或许，凯奇音乐现象本身更值得人们去认真地进行思索。

后　记

　　这是一本为青少年提供的音乐读物，介绍了自17世纪末期以来三百多年间活跃在世界乐坛中的28位重要外国作曲家。

　　编写时考虑到坊间同类读物为数已众，为能有一些自己的特点，本书遂以作曲家生平传略为线索，故事轶闻为中心，强调信息量、可读性，以期使读者在阅读故事的兴味之中，也能对作曲家的生平概貌、主要作品有大致的了解。此外，本书还有选择地加大了20世纪作曲家的比重。

　　编写中曾参阅了大量国内外有关资料与著作，并承部分中学师生提出意见，使本书五经易稿始成于今，在此，谨向各书作者及所有热心提供帮助的大、小朋友们一并致以深挚的谢忱。

　　书中不免或有罅漏，请大家指正。

编著者
1993年8月